BUCHED DEWI

O Lawysgrif Llanstephan 27

Gyda

Rhagymadrodd a Nodiadau

Gan

D. SIMON EVANS

CAERDYDD
GWASG PRIFYSGOL CYMRU
1965

Argraffiad cyntaf – 1959
Ail argraffiad – 1965
Adargraffwyd – 1994

© Prifysgol Cymru ®

Manylion Catalogio Cyhoeddi (CIP) y Llyfrgell Brydeinig

Mae cofnod catalogio'r gyfrol hon ar gael gan y Llyfrgell Brydeinig.

ISBN 0-7083-0705-1

Adargraffwyd yng Nghymru gan Wasg Dinefwr, Llandybïe

I

FRANCES

RHAGAIR

FY mhennaf amcan wrth baratoi'r gwaith hwn oedd darparu testun a fyddai'n hwylus i fyfyrwyr, ac i eraill a allai fod â diddordeb yn y fersiwn Gymraeg o Fuchedd Dewi. Nid oedd yn fy mryd geisio dweud dim newydd am y Fuchedd, ac yn y Rhagymadrodd a'r Nodiadau pwysais yn drwm ar y gwaith a wnaed gan eraill. Nid anodd canfod maint fy nyled i astudiaethau trylwyr y Parch. A. W. Wade-Evans, yn arbennig ei gyfrol *The Life of St. David*.

Unwaith eto, hyfrydwch yw cael cydnabod y cymorth a gefais gan yr Athro Henry Lewis. Bu mor garedig â bwrw golwg dros y Rhagymadrodd a'r Nodiadau. Gwelodd yr Athro G. J. Williams beth o'r gwaith, a bu'n hael â'i ddysg a'i wybodaeth ar amryw bwyntiau.

Hefyd, mae fy niolch yn ddyledus i Mr. Ieuan M. Williams ; dangosodd gryn diriondeb yn ogystal â medr wrth lywio'r gwaith drwy'r Wasg. Ac yn olaf, diolch i Wasg Gomer am waith glân a gofalus.

D. SIMON EVANS.

2 *Medi*, 1959.

CYNNWYS

RHAGYMADRODD

Dewi Hanes

Gwyddom mai i'r chweched ganrif y perthyn Dewi hanes, eithr anodd ddigon yw cael golwg glir a chywir arno yn y cyfnod niwlog hwnnw. Dyma ' oes y seintiau,' pryd yr enillwyd y Cymry i'r Ffydd Gristnogol ac y sefydlwyd y rhan fwyaf o'r llannau ; dyma hefyd gyfnod arweinwyr a thywysogion o fri, megis Maelgwn Gwynedd ac Arthur, a'r brwydro cyndyn a chaled yn erbyn y Saeson. Ar lawer cyfrif, cyfnod pwysig ydoedd, eithr hyd yma ansicr ddigon yw'r hyn a wyddys amdano. Ac eithrio Gildas, nid oes nemor ddim tystiolaeth uniongyrchol o'r cyfnod ei hun, a rhaid fydd pwyso ar gasgliadau dysg mewn amryw feysydd megis archaeoleg, daearyddiaeth hanesyddol a llên gwerin, cyn y bydd modd ei adnabod yn well.

Fel llawer cymeriad hanesyddol arall mewn byd ac eglwys, datblygodd Dewi yn nhreigl y canrifoedd yn rhywun digon gwahanol i'r hyn oedd mewn gwirionedd. Mae gan bob cenedl ei dychymyg, a bair greu iddi arwyr sy'n gydnaws â'i dyheadau ac yn addas i amgylchiadau ei bywyd. Digon gwahanol oedd Arthur hanes i'r cymeriad rhamantaidd diweddarach, a borthodd ddychymyg canrifoedd yng Nghymru a thu allan iddi. Gwahanol iawn hefyd oedd Dewi hanes i'r sant rhyfeddol hwnnw a ddaeth yn un o enwogion disgleiriaf ac anwylaf y genedl. Canfyddwn yr olaf yn ei Fuchedd, yn litwrgi'r Eglwys, yng ngwaith y beirdd, etc.: nid anodd ei adnabod, a thrwyddo adnabod y meddwl a'r dychymyg a'i lluniodd. Prinnach o lawer, fodd bynnag, yw ein defnyddiau ar gyfer adnabod y cyntaf.

Pa wybodaeth sicr, felly, a ellir ei chasglu am Ddewi ? Gwyddom mai mynach oedd, neu ' sant,' fel y gelwid y mynach yn fynych, a'i fod yn byw yn y chweched ganrif. Diau ddarfod ei eni ym mlynyddoedd cynnar y ganrif honno, ond ar hyn o bryd ni ellir ond dyfalu pa flwyddyn y bu hynny.[1] Mae tystiolaeth fwy pendant parthed adeg ei farw, ac yma rhaid inni droi at y Blwyddgofnodion Gwyddelig lle digwydd ei enw, —tyst i'w fri ymhlith y Gwyddyl. Fe'i cawn gan Tighernach,[2] a hefyd yn y *Chronicum Scotorum*[3] ar gyfer y flwyddyn 588.[4] Ni ddigwydd ond ei enw *Dauid Cille Muine*, eithr bernir mai cofnod am ei farw sydd yma, gyda'r *obiit* arferol wedi colli. Yn yr *Annals of Inisfallen*[5] ar gyfer 589 ceir *Quies Dauid Cille Muine*, cyfeiriad pendant at ei farw. Fel yr awgrymodd Syr J. E. Lloyd,[6] os gwir a ddywedir yn ei Fuchedd iddo farw ar ddydd Mawrth (td. 22), gellir derbyn 589 fel blwyddyn ei farw.[7]

Mae'n sicr iddo gychwyn sefydliad mynachaidd yng Nglyn Rhosyn yng ngogledd-orllewin Penfro, lle saif Eglwys Gadeiriol Tyddewi heddiw. Yr oedd Glyn Rhosyn yn fan cyfleus a hwylus, yn arbennig i'r sawl a deithiai dros y môr i Gymru o'r Cyfandir ac o Iwerddon. Rhaid cofio bod cyfathrach agos rhwng y rhan hon o Gymru ac Iwerddon yn y dyddiau hyn,[8] a bod cryn deithio dros y môr i orllewin Prydain. Haws a diogelach yn aml oedd mordaith na thaith dros dir, a diau mai pobl a deithiasai dros y môr o Gâl a ddug yr Efengyl gyntaf i'r

[1]gw. HW i.153, lle yr awgrymir c. 520.

[2]RC xvii. 158.

[3]CS 62.

[4]Ni ddigwydd ei enw yn yr *Annals of Ulster* ar gyfer 588 (gw. AU i.73), er bod yr eitemau eraill yno ar gyfer y flwyddyn honno yn cyfateb yn hollol i'r rhai yn CS.

[5]AI 78.

[6]HW i.158n.

[7]Yn yr *Annales Cambriae* (gw. SEBC 74-79) digwydd ei enw ar gyfer 601 : *Dauid episcopus moni iudeorum* (gw. nodyn, td. 50). Nid oes *obiit* yma chwaith, er mai cofnod am farw'r sant a fwriedid, y mae'n ddiau. Mae 601, fodd bynnag, yn rhy ddiweddar. Mynn E. W. B. Nicholson (ZCP vi.451) mai 547 oedd blwyddyn ei farw. Gw. hefyd LlC v. 105-6.

[8]SEBC 121 yml., hefyd LlC v.107.

rhan hon o'r wlad. Fel y dywed yr Athro E. G. Bowen: 'It was along these routes (which alone in the fifth and sixth centuries A.D. were able to maintain contact with what remained of Roman civilization in Gaul and the Western Mediterranean) that Christianity now entered Wales anew from the west.'[1] Yr oedd Glyn Rhosyn ar lwybr y cenhadon a'r pererinion.

Diau bod sail gadarn i'r traddodiad sy'n cysylltu Dewi â mudiad mynachaidd piwritanaidd a alwai am fywyd syml, plaen a hunan-ymwadol, mudiad a hanoedd o Gâl ac yn wreiddiol o'r Aifft. Bywyd felly oedd eiddo'r mynaich yn Nhyddewi, yn ôl y disgrifiad manwl ohono a gawn yn y Fuchedd Ladin, ac fe ddichon fod Dewi yn arweinydd y mudiad hwn yn y rhan yma o'r wlad.

Er nad oes fodd gwybod bellach ym mha gylch yn union y llafuriodd Dewi yn ystod ei oes, fe wyddys i'w gwlt gydag amser ledu dros rannau helaeth o'r De, fel y tystia'r eglwysi lawer sy'n dwyn ei enw. Rhaid cyfeirio yma at gyfraniad **gwerthfawr yr Athro E. G. Bowen**,[2] a ddangosodd bwysigrwydd astudio patrwm lleoliad yr eglwysi a gyflwynwyd i'r seintiau cynnar. Mae astudiaeth felly yn help i olrhain cwlt y seintiau yma. Mae'r llannau a gyflwynwyd i Ddewi[3] yn niferus yng ngogledd Caerfyrddin, ym Mhenfro, ac yn rhan isaf Ceredigion. Yna fe ellir olrhain ei gwlt ar hyd y gwastatir ar arfordir y De hyd Llangyfelach yng Ngŵyr, ac o gylch Pen-y-bont. A chymryd ffordd arall, hen ffordd Rufeinig, awn i fyny ar hyd rhan uchaf dyffryn Tywi i ddyffryn Wysg, a chael ar ein ffordd leoedd megis Llywel, y Trallwng, Llanfaes a Llanddew; yna ymlaen i Sir Fynwy lle mae eglwysi iddo, ac yn eu plith Rhaglan. Eto i'r gogledd, yng ngogledd Brycheiniog, ym

[1]SCSW 19.

[2]gw. *Antiquity* 69.16-28, 76.175-86 ; hefyd ei lyfr SCSW.

[3]gw. LBS ii.316-7 ; cf. hefyd dystiolaeth y ffynhonnau sy'n dwyn ei enw, gw. HWW 220.

Maesyfed, a hefyd yng ngorllewin Swydd Henffordd, fe ddeuwn ar draws eglwysi sy'n dwyn ei enw. Wrth olrhain ei gwlt fel hyn, gwelwn ddarfod iddo ef ac eraill o'r seintiau cynnar, wneud cryn ddefnydd o'r hen lwybrau ac o'r hen ffyrdd Rhufeinig ar eu teithiau; er nad yw'r llannau oll ar ymyl y ffyrdd hyn.

Fe ymddengys i Ddewi lafurio'n bennaf mewn rhan o'r De na ddaethai o dan ddylanwad Rhufain. Un arall a lafuriodd yn rhannol yn yr un maes ag ef oedd Teilo, neu Eludd, a rhoi iddo ei enw gwreiddiol. Llandeilo Fawr yn Sir Gaerfyrddin oedd ei ganolfan ef. A fu cysylltiad rhwng Dewi a Theilo ? Fe'u cysylltir â'i gilydd yn fynych yn y llenyddiaeth 'fucheddol' ddiwedd- arach, ac ategir tystiolaeth y Bucheddau gan astudiaeth gym- harol o leoliad y llannau a gyflwynwyd i'r naill a'r llall. Mae'r rhannau o'r wlad lle y ceir eglwysi iddynt yn cyfateb yn fras; eithr fe ymddengys fod cylch cenhadaeth Dewi fwy tua'r gorllewin, yn Nyfed a pharthau deheuol Ceredigion, mewn maes na bu neb cenhadwr ynddo o'i flaen.[1]

Sant arall y dylid ei enwi mewn cysylltiad â Dewi a Theilo yw Padarn, er ei fod ef, hwyrach, ychydig o'u blaen, a chanddo fwy o gysylltiad â'r diwylliant Rhufeinig yn Ne Cymru. Ei ganolfan ef oedd Llanbadarn Fawr, ger Aberystwyth. Mae traddodiad o blaid cysylltu'r tri sant hyn â'i gilydd,[2] a diau fod sail hanesyddol i hynny. Y gorllewin a'r de-orllewin yn bennaf oedd maes gweithgarwch y tri.

Yn y de-ddwyrain, ar y llaw arall, ychydig o ôl dylanwad y seintiau hyn a welir. Yr oedd Cristnogaeth wedi greddfu yno ynghynt. Hefyd yr oedd yno ganolfannau dysg, megis y rheini yn Llanilltud a Llancarfan, na cheid mo'u tebyg yn y gorllewin. Y mynaich amlycaf yn y rhan yma o'r wlad mewn cyfnod cynnar oedd Illtud, Cadog a Dyfrig. Tebyg bod y rhain

---

[1]Cf. SCSW 58.

[2]Ym mucheddau'r tri adroddir iddynt fynd gyda'i gilydd ar ber- erindod i Jerwsalem, gw. VSBG 163-4 (LSD 22-24), LL 103-7, LCBS 192-3.

ychydig o flaen Dewi a'i gyfoeswyr, ac nad oedd ganddynt nemor ddim cysylltiad â'r mudiad yn y gorllewin. Nid oedd cymaint o frwdaniaeth cenhadol yn y de-ddwyrain bellach. Diddorol yn y cyswllt hwn yw sylwadau'r Athro Bowen[1] : 'St. David together with St. Teilo, might well be looked upon as evangelists emerging from the remoter western territories to denounce the broader faith of the south-eastern zone.' Fe fu rhyw gymaint o orgyffwrdd, a chawn rai eglwysi sy bellach yn perthyn i Deilo neu i Ddewi yn dwyn olion cysylltiad â chwlt sant arall. Hwyrach mai'r enghraifft orau o hyn yw Llangadog, a oedd ar derfyn eithaf cylch dylanwad Cadog yn y gorllewin. Perthynai'r eglwys honno yn wreiddiol i Gadog, eithr fe'i cysylltwyd hi â Dewi o gyfnod pur gynnar.

Mae gennym, felly, well syniad na chynt am gylch gweith-garwch a dylanwad Dewi, a gallwn hefyd fentro dweud ein bod yn gwybod yn fras beth oedd prif nodweddion y mudiad yr oedd ef yn gysylltiedig ag ef. O'r canolfan yng Nglyn Rhosyn lledodd ei gwlt dros rannau helaeth o'r De, ac eithrio'r de-ddwyrain, a pharhaodd i ffynnu yn y parthau hyn. Dyma'n fras derfynau esgobaeth Tyddewi yn y Canol Oesoedd. Fel y dywed yr Athro Bowen[2]: 'we are certain that the distribution of the Dewi churches determined to a very great extent the limits of the vast diocese of St. David's in the Middle Ages, in much the same way as the Dyfrig-Cadog-Illtud dedications determined the limits of the medieval diocese of Llandaf.'

Nid yng nghyfeiriad y dwyrain o Glyn Rhosyn yn unig y bu dylanwad Dewi. Yr oedd Glyn Rhosyn yn ganolfan hwylus ar gyfer anfon cenhadon dros y môr tua'r gorllewin i Iwerddon, a hefyd i fannau eraill. Ni wyddom a fu ef ei hun allan o'r wlad ai peidio, eithr y mae olion ei gwlt yn amlwg yn ne-orllewin

[1]SCSW 63.
[2]ib. 64.

Lloegr,[1] ac yn Llydaw. Coffeid ei enw yn Iwerddon[2] o gyfnod pur gynnar, a dywedir wrthym fod Gwyddyl ymhlith ei ddisgyblion yng Nglyn Rhosyn.

CYFEIRIADAU CYNNAR AT DDEWI

Trown yn awr i ystyried rhai cyfeiriadau at Ddewi sy'n digwydd o fewn y cyfnod rhwng y chweched ganrif a diwedd yr unfed ganrif ar ddeg, sef y cyfnod cyn ysgrifennu ei Fuchedd.

Ar garreg yn y mur uwchben drws y gangell yn eglwys Llanddewibrefi fe ganfu Edward Lhuyd arysgrif a allai fod yn cynnwys cyfeiriad at Ddewi. Yn ddiweddar trafodwyd yr holl gwestiwn yn fanwl gan y Dr. Geraint Gruffydd a Mr. Huw Parri Owen mewn erthygl yn BBCS xvii. 185–93.[3] Yn anffodus darnau o'r garreg sydd ar gael bellach, a rhaid inni bwyso ar ddarlleniad Lhuyd, a hefyd ar ei ddysg. Er i Lhuyd ei hun weld yr arysgrif yn gyflawn, a chynnig darlleniad, ni ellir bod yn sicr o gwbl a oedd y gair holl bwysig *David* (neu Davvid) yn ddigamsyniol amlwg ynddi. Ei gynnig ef, ar ôl cael golwg iawn arni oedd : HIC JACET IDNERT FILIVS JACOBI QVI OCCISVS FVIT PROPTER PREDAM SANCTI DAVVID. Mae mwy nag un cyfieithiad yn bosibl, a thrafodir yr holl bosibiliadau yn llawn gan Dr. Gruffydd a Mr. Owen. Dyma un cyfieithiad posibl : ' Yma y gorwedd Idnerth, fab Jacob, a laddwyd o achos anrheithio Dewi Sant,'—coffa am rywun a fu farw wrth amddiffyn eglwys i Ddewi rhag ei hanrheithio. Mae'n bur debyg fod yr arysgrif yn perthyn i ganol y seithfed ganrif, ac os dilys y cyfeiriad, dyma'r sôn cynharaf sy gennym am Ddewi. Nid oes ddysg a ddichon roi inni oleuni pellach, eithr ar bwys ysgolheictod Lhuyd a'r traddodiad sy'n cysylltu Dewi â Llanddewibrefi, mae dilysrwydd y cyfeiriad yn bur debygol.

[1]SDL 69-70.
[2]Gwynfardd : ' Ar Iwerton wlad ys rad rannawc ' (HGCr 44.33) ; a gw. SEHI i.179, IW 52-53.
[3]Gw. ymhellach BBCS xix.231-4.

Enwir Dewi yng Nghatalog Seintiau Iwerddon, sef y
Catalogus Sanctorum Hiberniae secundum diversa tempora.[1]
Tybiwyd gynt ddarfod llunio'r gwaith hwn yn hanner cyntaf
yr wythfed ganrif (c. 730), eithr barn y Tad Paul Grosjean ei
fod yn perthyn yn hytrach i'r nawfed ganrif, neu i'r ddegfed.[2]
Ynddo ceisir rhoi braslun o hanes eglwysig Iwerddon o
ddyddiau Padrig hyd y flwyddyn 665. Nodir tri chyfnod pan
oedd yn y wlad dri math neu dair 'urdd' wahanol o seintiau.
Yn yr ail gyfnod (544—598), cyfnod yr *ordo sanctior*, pan
fethwyd llwyr gynnal undeb yr Eglwys, yr oedd gan y sein-
tiau Gwyddelig fwy nag un ffurfwasanaeth, a dywedir bod un
ohonynt wedi ei chymryd oddi wrth Dewi, Gildas a Dochau
(*Docus*). Annilys ddigon yw tystiolaeth y gwaith hwn, wrth
gwrs,[3] eithr mae'n sicr fod y cyfeiriad yma at y seintiau Pry-
deinig yn adlais o'u dylanwad ar y Gwyddyl yn ystod y
chweched ganrif.

Mewn gwyliadur mydryddol Gwyddeleg sy'n dwyn y teitl
Félire Oengusso Céli Dé (Martyrology of Oengus the Culdee),
cynhwysir enw Dewi (*Dauid Cille Muni*) dan Fawrth y cyntaf.[4]
Bernir ddarfod llunio hwn o gwmpas y flwyddyn 800,[5] a'i fod
yn seiliedig ar waith y mae'n rhaid ei fod felly yn gynharach
nag ef, sef Gwyliadur Tallaght.[6] Cofnodir Gŵyl Ddewi yno
hefyd dan Fawrth y cyntaf,[7] a theg yw casglu ar sail hyn y
cedwid ei ŵyl ymhlith y Gwyddyl mor gynnar o leiaf â rhan
olaf yr wythfed ganrif.[8]

---

[1]gw. Haddan and Stubbs *Councils* ii.292-4, LSP 285-7, SPAI 88-89.

[2]AB lxxiii.197 yml.

[3]gw. SEBC 15, 132.

[4]MOC 80. Digwydd ei enw hefyd yn y nodiadau a berthyn i'r testun,
ac sydd, mae'n ddiau, yn ddiweddarach na'r testun ei hun. Cyfeirir ato
yn ei gysylltiad â'r seintiau Gwyddelig Aeddan (54) a Molua (182).

[5]ib. vii.   [6]MT ix, xx.   [7]ib. 20.

[8]Diddorol sylwi mai yn y gwyliaduron Gwyddelig y ceir enw Dewi :
ni ddigwydd mewn rhai cynharach, megis eiddo Bede, Florus, Usnard,
etc., gw. SDL 4.

Mae cyfeiriad at Ddewi ym Muchedd Paul o Léon.[1] Ysgrif-
ennwyd y fuchedd hon yn 884 gan fynach o'r enw Gourmonoc
o fynachlog Landévennec yn Llydaw. Yr oedd Dewi, meddir,
ynghyda Phaul ei hun, Samson a Gildas, yn un o ddisgyblion
disglair Illtud.[2] Go brin y gellir derbyn hyn, eithr diddorol a
phwysig yw'r sylw arall a wneir, sef ddarfod ei gyfenwi'n
Aquaticus[3] (Dyfrwr) o achos ei fod yn byw ar fara a dŵr.
Dyma'r cyfeiriad cynharaf at ei ddirwest a'i asetigrwydd
llym, ac y mae'n ateg i'r traddodiad a gofnodir yn ei Fuch-
edd.[4]

Yn nesaf, rhaid troi at Gymro, sef Asser, awdur Buchedd y
Brenin Alfred,[5] gwaith a gwpláwyd tua 893. Mynn Syr Ifor
Williams mai ar gyfer Cymry yr ysgrifennwyd hwn, er mwyn
ennill eu teyrngarwch i'r brenin Seisnig. Bid a fo am hynny,
rhaid mai Cymro yw'r awdur. Fe ddywed ddarfod ei aiw at
Alfred o derfynau eithaf gorllewin Cymru.[6] Fe aeth yntau,
a chydag amser fe'i gwnaed yn Esgob Sherborne.[7]

Yn y gwaith hwn cawn gyfeiriad at *monasterium et parochia
Sancti Degui*,[8] sef y fynachlog neu'r eglwys yn Nhyddewi, a'r
' esgobaeth ' neu gylch cwlt y sant : bu cyfnesaf i Asser, sef
Nobis, yn esgob yno[9] (ac Asser ei hun hefyd, efallai). Diddorol
sylwi mai'r ffurf *Dewi* (*Degui*) ar enw'r sant a ddefnyddir, ac
nid *David* fel a geir mewn mannau eraill,—prawf go bendant
mai Cymro Cymraeg oedd yr awdur,[10] a hefyd mai Cymry oedd
ei gynulleidfa.

[1]RC v.413-60, SPL.
[2]RC v.421.
[3]gw. 3.8-10.
[4]ALKA.
[5]AP xxii-xxvi.
[6]*de occiduis et ultimis Britanniae finibus* ALKA 63.
[7]Ar hyn gw. nodyn yn ALKA 321-3.
[8]ib. 65-66.
[9]*archiepiscopum*, ib. 66.
[10]Dylid cyfeirio yma at y ffaith fod cwlt Dewi yn ffynnu yn Wessex
mor gynnar o leiaf â'r unfed ganrif ar ddeg, a chyn hynny, mae'n bur
debyg ; gw. SDL 8-9, SEBC 133. Mae'n sicr fod a wnelo dylanwad

Ychydig ar ôl hyn (c. 930) y cyfansoddwyd y gerdd *Arymes Prydein Vawr*,[1] a ddigwydd yn Llyfr Taliesin. Mae hon yn gwbl wahanol ei naws a'i hawyrgylch i waith Asser. Cerdd ddarogan yw hi, sy'n proffwydo dyfodol o oruchafiaeth i'r Cymry, er eu bod ar hynny o bryd dan orthrwm Saeson. Cyfeirir at gynghrair a ffurfir rhwng y Cymry, gwŷr Dulyn (sef y Daniaid), Gwyddyl Iwerddon, gwŷr Cernyw a Llydaw, ac Ystrad Clud yn erbyn y gormeswr. Diau ei bod yn perthyn i'r cyfnod pan oedd y brenin rhodresgar Athelstan yn ceisio lledaenu ei awdurdod tua'r gorllewin. Dyma gyfnod Hywel Dda, a gwyddys yn iawn am ei bolisi ef o gydnabod goruch-afiaeth brenin Lloegr : yn y gerdd hon cawn brotest yr wrth-blaid, a wrthwynebai'n ffyrnig y cymrodeddu diraddiol yma.

Mae nifer o gyfeiriadau at Ddewi yn y gerdd. Dywed y bardd fod y Cymry yn eu hymgyrch yn erbyn y Saeson yn gorchymyn eu hunain i Dduw a Dewi (ll.51)[2] ; dyrchefir lluman Dewi i arwain y byddinoedd (ll.129)[3], a thua diwedd y gerdd datgenir dymuniad ar i Ddewi fod yn arweinydd i'r rhyfelwyr (ll. 196).[4]   Mae'r Gwyddyl yn gofyn i'r Saeson paham y sangasant ar freintiau'r saint, a phaham y torasant gyfreithiau Dewi (ll. 140).[5] Mewn man arall dywedir y gyrrir y Saeson ar ffo drwy eiriolaeth Dewi a saint Prydain (ll. 105).[6]

Pa gasgliadau a ellir eu gwneud oddi wrth y cyfeiriadau hyn ? Mae'n amlwg fod Dewi erbyn hyn yn sant y Cymry, o leiaf i awdur y gerdd hon : nid enwir un sant arall ynddi (ac eithrio Garmawn[7]). Cerdd a berthyn i'r De yw hon, yn ddiau. Fel y

---

Asser â hyn : *Dewi* mewn rhyw ffurf neu'i gilydd arno yw'r ffurf sy'n digwydd ar enw'r sant yn y calendrau Seisnig o'r parthau hyn. Gw. ymhellach Silas M. Harris, SDL 11, hefyd 69-71.
[1]gw. Syr Ifor Williams : AP.
[2]y Dduw a *Dewi* yd ymorchymynt.
[3]A lluman glan *Dewi* a drychafant.
[4]poet tywyssawc *Dewi* yr kynifwyr.
[5]neu reitheu *Dewi* pyr y torrassant.
[6]trwy eiryawl *Dewi* a seint Prydeyn.
[7]gw. AP 55.

dywed Syr Ifor, Cymry'r De (Dyfed a Glywysing) sydd agosaf
at galon y bardd. Un o'r De, wrth gwrs, yw yntau, a gŵr
eglwysig yn hytrach na bardd wrth ei grefft[1] : rhaid ei fod yn
perthyn i eglwys neu fynachlog a oedd yn gysylltiedig â'r
Sant. Awgryma Syr Ifor fod ei gartref o gwmpas Gelli-gaer
ym Morgannwg,[2] eithr, fel y dangosodd yr Athro Jarman,
mae'n ddiogelach tybio ei fod yn perthyn i un o eglwysi Dewi
yn Nyfed neu Ddeheubarth.[3] Yn anffodus nid oes ar hyn o
bryd fodd cael gwybodaeth fanylach.

RHIGYFARCH

Erbyn yr unfed ganrif ar ddeg yr oedd cryn fri ar gwlt y
sant dros rannau helaeth o'r De, a hefyd mewn lleoedd y tu
allan i Gymru, yn ne-orllewin Lloegr, yn Llydaw, ac wrth gwrs,
yn Iwerddon. O'r ddeuddegfed ganrif ymlaen aeth ei fri ar
gynnydd yn ddirfawr, ac enillodd arbenigrwydd goruwch pob
sant Cymreig arall. Yr oedd hyn yn ganlyniad amryw dueddi-
adau a digwyddiadau yn y cyfnod hwn, ac yn sicr, un o'r
digwyddiadau pwysicaf oedd cyhoeddi ei Fuchedd[4] yn niwedd
yr unfed ganrif ar ddeg.

Cyhoeddwyd bucheddau y rhan fwyaf o'r seintiau Celtaidd
yn ystod y ddeuddegfed ganrif, ar ôl dyfodiad y Norman.[5]
Yr oedd Buchedd Dewi yn un o'r rhai cynharaf, ac awgryma'r
Parch. Wade-Evans mai hi a symbylodd y bucheddau Cymreig
eraill a gyfansoddwyd yng Nghymru yn ystod y cyfnod hwn.[6]
Ysgrifennwyd hi gan Rhigyfarch (1057-99), mab hynaf Sulien
Ddoeth,[7] brodor o Lanbadarn Fawr yng Ngheredigion, a gŵr

[1]AP xx-xxii.
[2]ib. xxi.
[3]LlC iv.57-58.
[4]Gw. ymdriniaeth gynhwysfawr yr Athro Caerwyn Williams â
Bucheddau'r Saint yn BBCS xi.149-57, lle y trafodir rhai nodweddion
cyffredinol.
[5]SEBC 5-6.
[6]VSBG xii.
[7]HW ii.459-61, CLlGC ii.1-6, SEBC 165-72.

a fu tua diwedd ei oes am ddwy ysbaid fer yn Esgob Tyddewi
(1072-78, 1080-85). Cawn beth o hanes y gŵr nodedig hwn
mewn cerdd Ladin[1] gan fab arall iddo, sef Ieuan. Hanoedd o
deulu bonheddig a dysgedig, ac fe'i haddysgwyd yng Nghymru
(yn Llanbadarn, mae'n ddiau), Sgotland ac Iwerddon, lle y bu
am gyfnod go faith (tair blynedd ar ddeg, efallai). Ar ôl
cwpláu ei addysg dychwelodd i Lanbadarn, lle a chanddo eisoes
draddodiad o ddysg, ac yno enillodd fri mawr fel athro ac
ysgolhaig. Ymhlith ei ddisgyblion yr oedd ei bedwar mab,
Rhigyfarch, Arthen, Daniel a Ieuan. Yr oeddynt hwythau,
fel eu tad, yn glerigwyr.

Ychydig iawn a wyddys am hanes bywyd Rhigyfarch.
Cawn dystiolaeth yn y *Brut*[2] ei fod yntau, megis ei frodyr a'i
dad, yn nodedig am ei ddysg. Fel eraill o'i frodyr hefyd yr oedd
ganddo gryn fedr ar lunio cerdd Ladin. Ceir barddoniaeth
Ladin ganddo mewn llawysgrif sy'n cynnwys testun o'r
Sallwyr, a hefyd Wyliadur a luniwyd ganddo ef ei hun[3]
(c. 1079). Y mae ar gael hefyd alarnad Ladin fer, lle mae'r
bardd yn cwyno oblegid gorthrwm y Normaniaid ar y Cymry,
a llwfrdra'r olaf wyneb yn wyneb â'r gelyn. Bernir fod y
gerdd yn llaw Rhigyfarch ei hun, a darfod ei chyfansoddi yn
union cyn gwrthryfel y Cymry yn 1094, ac ar ôl cwymp Rhys
ap Tewdwr yn 1093.[4]

[1]yn Llsgr. Coleg Corpus Christi, Caergrawnt 199 ; copi yn NLW MS.
13213.

[2]Dyma gofnod a ddigwydd ym Mrut y Tywysogion : ' yn y vlwydyn
honno y bu varw rychemarch doeth vab sulgenius esgob. drwy diruawr
gwyn gan bawb kanys oed doethaf o holl genedyl y brytannyeid ac na bu
kynn noc ef y gyffelib na gwedy ef y gyfryw nac yn y oes y gymar heb
dysc neb arnaw namyn y dad ehun a sef y bu varw y dryded vlwydyn a
deugein oy oet.' BTy. P 20[1] 29-30, gw. hefyd BTy. P 20[2].21. Mae
fersiwn y Llyfr Coch yn llawnach, gw. RBB 273-4, BTy. RB 39.

[3]Ynghadw yng Ngholeg y Drindod, Dulyn (A.4, 20), gw. H. J. Lawlor
PMR. Tebyg mai i Lanbadarn Fawr y perthyn y gwaith hwn, gw.
SEBC 170.

[4]Llsgr. Cotton Faustina C 1 (66a) yn yr Amgueddfa Brydeinig; gw.
LSD xvi-xvii.

Ei waith enwocaf o ddigon, wrth gwrs; yw Buchedd Dewi,[1] lle y dyry inni ' hanes ' bywyd y sant. Dengys ei fod o dras brenhinol, yn fab i Sant, fab Ceredig, fab Cunedda. Yr oedd ei le yng Nglyn Rhosyn wedi ei gadw iddo o leiaf ddeng mlynedd ar hugain cyn ei eni: rhaid fu i Badrig ymadael oddi yno, a mynd i Iwerddon. Gwyrthiol oedd amgylchiadau ei eni,—dan ddwyfol ysbrydoliaeth fe aeth Sant o Geredigion i Ddyfed, lle y cyfarfu â'r lleian Non, a'i threisio. Gwyryf oedd hi, ac nid adnabu ŵr na chynt nac wedyn. Rhyfeddol iawn oedd y gwyrthiau a gyflawnwyd gan Ddewi cyn ei eni ac ar ôl hynny ; er enghraifft, methodd Gildas â phregethu am fod Dewi yn bresennol yn yr eglwys yng nghroth ei fam. Fe'i haddysgwyd i gychwyn yn Henfynyw (? ger Aberaeron), ac wedyn gan Beulin (? yn Llanddeusant, Sir Gaerfyrddin) ; ac ar ôl gorffen ei addysg aeth ar bererindod ar draws De Cymru a thrwy rannau o Loegr gan sefydlu nifer o fynachlogydd ar y ffordd. Dych-welodd i Henfynyw, ac oddi yno daeth i Glyn Rhosyn, lle y trechodd bennaeth Gwyddelig o'r enw Boia. Sefydlodd fynachlog yno, a chawn ddisgrifiad manwl o reol a threfn buchedd y mynaich,—bywyd syml, caled a hunan-ymwadol i'r eithaf. Ymhlith digwyddiadau eraill, fe gawn sôn am bererin-dod gan Ddewi, Teilo a Phadarn i Jerwsalem, lle yr urddwyd Dewi yn archesgob gan y Patriarch. Digwyddiad arall o bwys oedd cynnal dwy senedd i gadarnhau'r Ffydd Uniongred, ac i wrthwynebu heresi Pelagius. Yn y senedd fawr yn Llan-ddewibrefi; Dewi oedd yr unig un a lwyddodd i bregethu fel y clywai'r holl luoedd yno. Cydnabuwyd ei ragoriaeth gan bawb o genedl y Cymry, a gwnaed ef yn archesgob. Hefyd datgan-wyd bod ei fynachlog yn fetropolis yr holl wlad, a bod y neb a deyrnasai ynddi i'w gydnabod yn archesgob. Ceir adroddiad manwl o hanes ei ddyddiau olaf, ei farw ar Galan Mawrth, a'r galaru cyffredinol ar ei ôl.

[1]gw. VSBG 150-70, LSD 1-33.

Dyna yn fras gynnwys y Fuchedd. Paham y cyfansoddodd Rhigyfarch hi ? Fe ddylid cofio mai amcan cyfansoddi'r rhan fwyaf o Fucheddau'r Saint oedd dyrchafu bri a hawl yr eglwysi a gysylltid â hwy. Tyddewi oedd eglwys Rhigyfarch : fel y gwelsom, bu ei dad yn esgob yno am ddwy ysbaid.[1] Ni raid ond bwrw bras olwg ar amgylchiadau gwleidyddol ac eglwysig y cyfnod i weld pam yr oedd angen i Rigyfarch neu rywun arall lunio gwaith o'r fath.

Yn sgil dyfodiad y Norman i Gymru yn niwedd yr unfed ganrif ar ddeg, fe ddechreuwyd ymyrryd yng ngweithrediadau'r Eglwys Gymreig,[2] eglwys a lwyddasai ar y cyfan i gadw'n annibynnol ar Gaergaint. Yn y Gogledd, lle yr oedd Bangor yn ganolfan, cafwyd cryn wrthwynebiad i ymyrraeth gan y Norman ; yng Ngwent a Morgannwg ar y llaw arall, lle yr oedd Llandaf yn ganolfan, ni bu nemor ddim gwrthwynebiad, achos yr oedd cysylltiad agos rhwng y rhan hon o Gymru a Lloegr ers tro byd. Yng ngorllewin Cymru, mewn canolfannau megis Llanbadarn a Thyddewi, parheid i lynu'n gyndyn wrth hen gyfundrefn a delfrydau'r Eglwys Geltaidd. Yr oedd Tyddewi yn gwbl Gymreig i fyny hyd ddiwedd yr unfed ganrif ar ddeg.[3] Gyda chwymp Rhys ap Tewdwr yn 1093, fodd bynnag, agorwyd y drws i ddylanwadau Normanaidd. Sulien, tad Rhigyfarch, oedd yr esgob Cymreig olaf ond un cyn dwyn yr esgobaeth dan awdurdod Caergaint. Yr olaf o'r esgobion annibynnol oedd Wilfrid. Cymro oedd yntau, ac fe'i hetholwyd yn 1085, pan ymneilltuodd Sulien. Fe gymerth ef ran yn yr ymgiprys rhwng y Cymry a'r Normaniaid yn Nyfed yn niwedd y ganrif, ac ni fu'r Norman heb ddial arno. Eto i gyd, nid cwbl elyniaethus fu'r berthynas rhyngddo ef a Chaergaint,

---

[1] I Lanbadarn, wrth gwrs, y perthynai Sulien a'i deulu, ac fe ddichon mai yma yr ysgrifennwyd y Fuchedd, gw. SEBC 162-4, 172-3. Dyma ganolfan cwlt Padarn, eithr erbyn hyn fe aethai dan adain Dewi, gw. SCSW 64-65.
[2] HW ii.447-59.
[3] ib. ii.451.

achos yn 1100 fe gawn fod Anselm, Archesgob Caergaint, yn
gofyn i'r barwniaid Normanaidd roi parch iddo a'i gydnabod
yn esgob arnynt. Bu farw Wilfrid yn 1115, ac yn olynydd iddo
gwthiodd y Brenin Harri I ar glaswyr Tyddewi estron o'r enw
Bernard. Darfu felly am annibyniaeth yr Eglwys Gymreig, ac
er i Bernard ei hun yn ddiweddarach frwydro dros hawliau
Tyddewi,[1] ac er gwaethaf holl ymdrechion Gerallt Gymro yn
niwedd y ganrif, ni lwyddwyd i fwrw ymaith awdurdod
Caergaint, ac i wneud Tyddewi yn eisteddfa archesgobol
annibynnol.[2]

Nid anodd oedd i wŷr hirben fel Rhigyfarch, a'i dad Sulien,
yn rhan olaf yr unfed ganrif ar ddeg ganfod sut yr oedd y
gwynt yn chwythu. Yn 1081 aeth William y Gorchfygwr ar
' bererindod ' i Dyddewi, flwyddyn ar ôl i Sulien ddychwelyd
yn esgob yno am yr ail dro. Tua'r un adeg (ond ychydig o flaen
ymweliad William, efallai), fe gyfarfu â'i gilydd yno ddau dy-
wysog, sef Rhys ap Tewdwr o Geredigion a Gruffudd ap Cynan
o'r Gogledd. Gwyddom ddarfod llunio cynghrair rhyngddynt,
cynghrair a gafodd fendith yr Esgob. A fu'r Esgob hefyd yn
gweithredu fel cyfryngwr rhwng y ddau a'r Gorchfygwr? Ni
ellir ond dyfalu, eithr teg yw tybio fod Sulien fel eraill o'r teulu
yn gryn ddiplomydd, a byddai ei wasanaeth o werth mawr ar
adeg fel hon. Yn sicr, yr oedd ymweliad y Gorchfygwr â
Thyddewi yn ddigwyddiad o bwys, ac fe ymddengys fod Mrs.
Chadwick yn synhwyro'n iawn wrth awgrymu ddarfod cyfan-
soddi Buchedd Dewi i ddathlu ei ymweliad, ac i apelio am ei
gefnogaeth i achos yr Eglwys Gymreig.[3] Rhan o ddiplomydd-
iaeth Sulien oedd. Yr oedd annibyniaeth ac urddas yr Eglwys
mewn dygn berygl, ac er mwyn ceisio'i hamddiffyn, fe wnaeth

[1]gw. Brooke SEBC 207, 216-8, 233.
[2]Cymharer brwydr yr Eglwys Lydewig yn erbyn Tours. Yn 1199,
cyhoeddodd y Pab Innocent III ddyfarniad yn gwrthod hawl Eglwys
Samson yn Dol i'w chydnabod yn eisteddfa archesgobol annibynnol,
gw. LSSD xxx-xxxiv.
[3]SEBC 176.

Rhigyfarch beth a wnaethpwyd gan eraill o'i flaen ac ar ei ôl; apeliodd at 'hanes'. Aeth ati i lunio hanes bywyd y sant a sylfaenodd yr eglwys yn Nhyddewi, i ddangos gymaint ei sancteiddrwydd, ei ryfeddol ddoniau a'i awdurdod. Dangosodd sut y cydnabuwyd ef yn ei ddydd yn archesgob, ac yn sant goruwch holl seintiau'r wlad. Yr oedd hawl Tyddewi i gael ei chydnabod yn eisteddfa archesgobol yn ymestyn yn ôl felly i ddyddiau ei sylfaenydd, sant a gawsai ei urddo'n archesgob gan y Patriarch yn Jerwsalem.[1] Mae'r cyfan yn esiampl deg o bropaganda'r oes, o'r dulliau a fabwysiedid i hyrwyddo achos a cheisio argyhoeddi.

O ba le y cafodd Rhigyfarch ei ddefnyddiau ? Dywed ef ei hun[2] iddo gasglu ynghyd ychydig bethau o blith llawer, er esiampl i bawb ac er gogoniant i'r sant. Cafwyd y rhain ar wasgar mewn dogfennau tra hen yma a thraw, ac yn arbennig yn Nhyddewi ei hun. Yn sicr ni raid rhoi coel ar hyn. Fe ddichon fod ar gael eisoes *passio*, neu bregeth fer ar y sant a draddodid ar ddydd ei ŵyl, a bod Rhigyfarch wedi benthyca arni : mae'n sicr fod y gweddïau sy'n digwydd ar ddiwedd y Fuchedd[3] ar arfer ymhell cyn ei ddyddiau ef.[4] Mae dylanwad llên a diwylliant y Gwyddel yn drwm ar y gwaith, a diau fod gan Rhigyfarch ddogfennau Gwyddelig wrth ei benelin. Fe gofiwn i Sulien, ei dad, dreulio blynyddoedd lawer yn Iwerddon, ac ar wahân i hynny, y mae'n hysbys fod cryn gyfathrach rhwng Cymro a Gwyddel yn y cyfnod hwn.[5] Fe ddigwydd yn y Fuchedd lawer thema a hanoedd o lên gwerin ac o chwedloniaeth. Rhaid bod yna draddodiadau am y sant ar gael yn Nhyddewi ac mewn mannau eraill yn y dyddiau hynny, ac y mae'n ddiau fod rhai ohonynt yn seiliedig ar ffeithiau hanesyddol dilys, er mai anodd bellach yw adnabod y cyfryw.

[1]gw. nod. 14.8-9.
[2]VSBG 169 (LSD 31-32).
[3]VSBG 169-70 (LSD 33).
[4]SDL 13-16.
[5]gw. IW 99-100, RC xlv.141-72, PMR xvi-xvii, *Slover* 89-109.

Tynnodd Rhigyfarch o'r holl ffynonellau hyn, heb betruso gwneud defnydd llawn o'i ddychymyg creadigol i lanw bylchau, ac i roi llun ar y gwaith.

Ni lwyddodd y Fuchedd i achub annibyniaeth Tyddewi, eithr, yn sicr, fe fu yn un o'r offerynnau mwyaf effeithiol i ddyrchafu bri'r sant ac i ledaenu ei glod. Ar ôl y cyfnod hwn aeth enw Dewi ar gynnydd yn rhyfeddol. O hyn ymlaen ymddengys ei enw yn amlach mewn calendrau eglwysig yn Lloegr.[1] Afraid manylu ar y dystiolaeth, ond mae'n eglur ddigon nad sant lleol yn unig mohono bellach. Daeth Tyddewi yn gyrchfan tra phoblogaidd i bererinion; ystyrid dwy bererindod yno yn gyfwerth ag un i Rufain, ac yr oedd tair yn gyfwerth ag un i Jerwsalem.[2] Yn 1398 rhoddwyd gorchymyn gan yr Archesgob Arundel fod ei ŵyl i'w chadw ym mhob eglwys yn nhalaith Caergaint,[3] ac yn 1415 ordeiniodd yr Archesgob Chicheley ei bod i'w dathlu 'gydag arweiniad y cor a naw llith.'[4]

Ceir mynych gyfeiriad ato yng ngweithiau'r beirdd,[5] a chanodd amryw ohonynt gerddi iddo. Y gynharaf ohonynt yw awdl Gwynfardd Brycheiniog,[6] a oedd yn ei flodau rhwng 1160 a 1220. Mae awdl hefyd gan Dafydd Llwyd ap Llywelyn (c. 1420—1500),[7] a chywyddau gan Iolo Goch (c. 1320-98),[8] Ieuan ap Rhydderch ap Ieuan Llwyd (fl. 1430-70),[9] Lewis Glyn Cothi (fl. 1447-86),[10] a Rhisiart ap Rhys (fl. 1480—1520).[11]

Os trown at fucheddau'r seir.tiau Cymreig eraill deuwn ar

[1]gw. SDL 10.
[2]Gwyddai'r beirdd am hyn, gw. IGE 110, 229.
[3]Nid oes dystiolaeth i'w gwlt erioed ymestyn hyd dalaith Efrog, gw. SDL 10.
[4]gw. LBS ii.309.
[5]gw. G 320 am gyfeiriadau.
[6]HGCr 43-52.
[7]gw. MFLl 76, BC 94.
[8]IGE 110-13.
[9]IGE 226-30, BU 12-16.
[10]GLGC i.177-9.
[11]Ll 164.168 (gw. RMWL ii.752).

draws nifer o gyfeiriadau ato : bucheddau Cadog,[1] Carannog,[2] Illtud,[3] Cybi,[4] Padarn,[5] Beuno,[6] Teilo,[7] Gildas,[8] Cynydd.[9] Soniwyd eisoes am y cysylltiad â'r Gwyddyl, ac nid rhyfedd felly fod cyfeiriadau ato yn rhai o'r Bucheddau Gwyddelig, megis eiddo Eilfyw,[10] Bairre,[11] Declan,[12] Molua,[13] Aeddan,[14] Finnian,[15] Senan.[16]

Cawn gyfeiriadau ato mewn mannau eraill, ond nid awn ar eu hôl yma. Fe ddigwydd rhai hanesion amdano nas ceir gan Rhigyfarch,[17] eithr digon prin ydynt. Buchedd Rhigyfarch oedd ffynhonnell popeth a draethwyd ac a gredwyd am y sant o'r ddeuddegfed ganrif ymlaen, a'r Dewi a luniodd ef er mwyn amddiffyn annibyniaeth Tyddewi a enillodd serch a theyrngarwch y Cymry o'r dyddiau hynny hyd heddiw.

FERSIYNAU O'R FUCHEDD

Un o'r llawysgrifau pwysicaf a gynnwys y Fuchedd Ladin yw Llsgr. Cotton Vespasian A. xiv yn yr Amgueddfa Brydein-

[1]VSBG 54, 60, 68, 72, 80, 136, 140 (gw. CLlGC vii.220-2).
[2]ib. 142.
[3]ib. 208, 220, 222.
[4]ib. 238.
[5]ib. 258, 266.
[6]ib. 21.
[7]LL 99-106, 115.
[8]*Gildas* ii.400 (Caradog o Lancarfan).
[9]NLA ii.108-9 (LSD 41-42).
[10]VSH i.53.
[11]ib. 69n.
[12]ib. ii.41.
[13]ib. 219.
[14]ib. 144-8, 153.
[15]LSD 43-46.
[16]LSBL 62.
[17]Er enghraifft Gwynfardd, HGCr 44.23-24, lle sonnir am ei sarhau gan forwyn haerllug, anllad, yn Nyfnaint efallai ; 51-58, y cyfeiriad at ddau ych Dewi yn dwyn y gloch ryfeddol Bangu i Lasgwm ; 162-5, y cyfeiriad at ' merch brenhin dwyrein ' yn dod i Frefi er mwyn cael clywed am fri Dewi ; 169-75, gwyrth Dewi yn llwyddo i gadw'r adar rhag difetha yd (Peulin), gw. nod. 193-5, hefyd GLGC i. 178.15-16. Sonia Iolo Goch amdano yn rhithio mam a dau fab yn fleiddiaid o achos rhyw bechod neu'i gilydd, IGE 112.65-72.

ig.[1] Perthyn hon i tua 1200. Golygwyd y fersiwn o'r Fuchedd ynddi gan y Parch. A. W. Wade-Evans yn *Cymmr*. xxiv, 4-28, a rhoes gyfieithiad Saesneg ohoni.[2] Cyhoeddodd gyfieithiad diwygiedig ynghyda rhagymadrodd a nodiadau manwl yn ei gyfrol werthfawr *Life of St. David* (LSD). Hefyd fe ddigwydd y testun Lladin yn y casgliad o fucheddau'r seintiau Cymreig a gyhoeddodd dan y teitl *Vitae Sanctorum Britanniae et Geneal-ogiae* (VSBG). Y mae ar gael nifer o destunau Lladin eraill,[3] rhai ohonynt yn weddol gynnar, mor gynnar â Vespasian A. xiv ; er enghraifft, Cotton Nero E. i. yn yr Amgueddfa Brydeinig, Digby 112 yn Llyfrgell y Bodley yn Rhydychen, a Llsgr. 161 yng Ngholeg Corff Crist, Caergrawnt. Perthyn y rhain i ddechrau'r drydedd ganrif ar ddeg.

Lluniodd Gerallt Gymro (1147?—1223) fersiwn o'r Fuch-edd.[4] Fe'i ceir mewn llawysgrif o'r ail ganrif ar bymtheg, sef Royal 13. C. 1 (171-80) yn yr Amgueddfa Brydeinig. Fe ddigwydd hefyd destun argraffedig gan Wharton yn *Anglia Sacra* ii (628 yml.), sy'n seiliedig ar lawysgrif a berthynai i ran gyntaf y drydedd ganrif ar ddeg, sef Vitellius E. vii yn yr Amgueddfa Brydeinig. Difethwyd honno bron yn llwyr, a bellach nid erys ond rhyw chwe dalen ohoni. Testun Wharton gyda mân gyfnewidiadau a roddwyd gan Brewer yn *Opera* iii. 377—404. Prin felly yw'r dystiolaeth am y fersiwn hon, amgylchiad pur anffodus, yn enwedig o gofio iddi gael cymaint, onid mwy, o ddylanwad na'r un fersiwn arall.

Digwydd fersiwn gan John o Tynemouth (c. 1290—1350). Fe'i ceir yn Llsgr. Cotton Tiberius E. i yn yr Amgueddfa Brydeinig, ac y mae wedi ei hargraffu yn NLA i. 254-62.

Mae'r holl fersiynau hyn, wrth gwrs, yn seiliedig ar waith Rhigyfarch, er nad oes fodd gwybod i ba raddau y cynrychiol-

---

161-70b. Arni gw. ymdriniaeth Kathleen Hughes, SEBC 183-200.

[2]Fe'i cyhoeddwyd gyntaf yn 1853 gan W. J. Rees yn *Lives of the Cambro-British Saints* 117-44, ynghyda chyfieithiad Saesneg, 418-48.

[3]gw. LSD xi-xiii.

[4]*Opera* iii. 377-404, hefyd xlii-xliii.

ant yr hyn a ysgrifennodd ef. Mae'r llawysgrif gynharaf sy
gennym dros gan mlynedd yn ddiweddarach nag adeg cyfan-
soddi'r Fuchedd. Pan ddeuwn at y Fuchedd Gymraeg, fe
welwn ei bod hithau yn seiliedig ar Fuchedd Rhigyfarch.
Mewn erthygl werthfawr yn CLlGC ix.1-21 ymdriniodd y
Parch. J. W. James â pherthynas y fersiwn Gymraeg â'r
amrywiol fersiynau Lladin sydd ar gael. Fe wyddys am bedwar
testun ar hugain o'r Fuchedd Ladin, ac fe'u rhennir yn bum
dosbarth gan Mr. James, fel a ganlyn : 1. Dosbarth Vespasian
(yn cynnwys Vespasian A. xiv)—pedwar testun, 2. Dosbarth
Digby (yn cynnwys Digby 112)—wyth testun, 3. Dosbarth
Nero (yn cynnwys Nero E. i)—chwe thestun, 4. Dosbarth
Gerallt Gymro—dau destun, 5. Dosbarth Colgan neu'r
dosbarth ' Gwyddelig ' (copi yn ASH 1. 425-9)—pedwar
testun.

Yn nosbarth 4 a 5 cyfaddasiad a geir yn hytrach na chopi.
O'r tri dosbarth cyntaf ceir y testun llawnaf yn 1, a digwydd
ynddo bethau nas ceir yn 2 a 3. Nodweddir 2 gan nifer o
ddarlleniadau nas ceir yn 1 a 3. Ceir yn 3 destun niwtral, heb
yr amrywiadau yn 2 a heb yr ychwanegiadau yn 1. Mae'r
Fuchedd Gymraeg yn fyrrach na 2 a 3, ac, wrth gwrs, mae'n
fyrrach o gryn fesur na 1. Sylwodd Mr. James, fodd bynnag,
fod ynddi ddwy adran nas ceir ond yn 1 yn unig,[1] ac y mae
rhai nodweddion eraill yn ogystal a ddengys gyfatebiaeth
agosach rhyngddi a dosbarth 1 nag â'r ddau arall. O'r dosbarth
hwnnw y testun a ddaw agosaf ati yw eiddo Llsgr. 149 yn
Eglwys Gadeiriol Lincoln.[2]

Ar hyn o bryd nid oes fodd bod yn fwy pendant na hyn, a'r
cyfan y gellir yn deg ei ddweud yw bod y Fuchedd Gymraeg yn
seiliedig ar y math o destun a gynrychiolir gan Vespasian

---

[1] 18.11-19, 20.22-21.10 = Penodau 57 a 64 yn argraffiad Wade-Evans,
gw. LSD 28, 31.

[2] Y Parch. S. M. Harris oedd y cyntaf i dynnu sylw at hon, SDL 18n.

A. xiv a Lincoln 149. O'i chymharu â'r Lladin[1] buan y canfyddwn fod rhyngddynt wahaniaethau pwysig.

Mae ynddi rai pethau nas ceir yn y Lladin, ac y mae rhai pethau sy'n wahanol. Ni chyfeirir yn y Lladin at Ceredig yn teyrnasu yng Ngheredigion (1.7-8).[2] Gwahanol yw'r esboniad a ddyry'r Lladin ar y dofod a gaiff Sant (1.11).[3] *Cruchier* yw'r enw a rydd y Cymro ar y gŵr a gododd Padrig o farw, ac yr oedd wedi ei gladdu ers pymtheg mlynedd (2.20-21) ; *Criumther* (bai am *Cruimther*) yw ei enw yn y Lladin[4], ac am ddeuddeg mlynedd y buasai yn ei fedd. Yn y Fuchedd Gymraeg dywedir fod Peulin yn ddisgybl i esgob sant o Rufain (5.5) ; yn y Lladin disgybl yw i Sant Garmon yr esgob,[5] sef St. Germanus o Auxerre. Yn y Lladin daw'r cyfeiriad at iacháu Pebiawc (6.10) ar ôl sôn am adeiladu eglwys yn Llangyfelach.[6] Ni ddigwydd y geiriau ' Yn bugelyd ni a dywedassant ' (8.5) yn y Lladin.[7] Gwahanol yw'r hanes a roddir yn y ddwy am godi ffynhonnau (9.23—10.13).[8] Ceir cryn amrywiaeth rhyngddynt yn yr hanes am ymweliad Sguthyn â Dewi (11).[9] Gwahanol mewn manion hefyd yw'r disgrifiad o Senedd Frefi (13-18)[10] ; yn y Lladin ni cheir dim yn cyfateb ï'r darn ' gan dywedut . . . yn Ynys Prydein ' (18.3-10). Ni nodir terfynau noddfa Dewi yn y Lladin (18.22).[11] Yn yr hanes am rybudd yr angel i Ddewi mae yn y Gymraeg ddarnau nas ceir yn y Lladin ; er enghraifft, y geiriau ' a decuet y daear . . . a daw y gyt a thi' (20.2-6).[12] Ac y

---

[1]Wrth Lladin golygir, fel rheol, yn yr argraffiad hwn destun Vespasian A. xiv, am fod hwnnw yn hwylus o fewn cyrraedd. Gw. ymhellach LlC v. 110-11. Gobeithio y cyhoeddir cyn bo hir gyfrol yn cynnwys ffrwyth ymchwil y Canghellor James ar y testunau Lladin.

[2]LSD 1.
[3]ib. 1-2.
[4]ib. 3.
[5]ib. 7.
[6]ib. 8.
[7]ib. 10.
[8]ib. 16.
[9]ib. 18.
[10]ib. 24-27.　　　[11]ib. 28.　　　　　[12]ib. 29.

mae darnau go faith yn niwedd y Fuchedd Gymraeg na ddi-
gwyddant yn y Lladin. Ni ddigwydd y darn ' y gyt a mawr
uudugolyaeth . . . a'e uedwl am y byt ' (22.15-18), na'r darn hir
sy'n sôn am rai o nodweddion y Baradwys yr aeth Dewi
iddi, a lle rhoddir rhestr o'r trigiannwyr disgleiriaf, a oedd
eisoes yno (22.18—23.15) : ond digwydd darn tebyg iddo ar
ddiwedd Buchedd Cybi.[1]

Fel y dywedwyd, mae'r fersiwn Gymraeg dipyn yn fyrrach
na'r Lladin. Ar y cyfan cwtogi, a chwtogi'n bur chwyrn a
wnaeth y Cymro, ac nid ychwanegu. Hyd yn oed yn y darnau
cyfatebol, lle yr adroddir am yr un digwyddiadau, mae'r
Cymro, fel rheol, yn llai blodeuog ac amleiriog. Mae adrannau
cyfan o'r Lladin yn eisiau yn y Fuchedd Gymraeg, a sylwn ar
rai ohonynt yma. Ni cheir ynddi ragymadrodd y fersiwn
Ladin,[2] ac nid oes gyfeiriad at ordeinio Dewi yn offeiriad.[3] Ni
ddigwydd y disgrifiad manwl o fywyd y mynaich yng Nglyn
Rhosyn,[4] na'r cyfeiriad at Custennin, brenin y Cernywiaid, a
ddaeth yn un o ddisgyblion Dewi.[5] Nid adroddir am y rhyfedd-
od o achub yr ychen a syrthiasai dros y dibyn i'r môr, nac am y
llyfr agored a gadwasai'n sych ynghanol cawod o law,—dwy
wyrth a gysylltir ag Aeddan Sant pan oedd yn ddisgybl gyda
Dewi, ac ni sonnir am Aeddan yn dychwelyd i Iwerddon ac yn
adeiladu mynachlog yn Ferns.[6] Mae'r adrannau canlynol o'r
Fuchedd Ladin hefyd yn eisiau : yr hanes am Bairre yn
marchogaeth ar farch Dewi dros y môr yn ôl i Iwerddon ar ôl
bod yn ymweld â chreiriau Pedr a Phaul, ac yn cyfarfod â
Brendan[7] ; gwyrth Dewi yn achub un o'i ddisgyblion, Mod-
omnoc, rhag llid gwrthwynebydd[8] ; yr hanes am yr angel yn

[1]VSBG 248, 250 : digwydd honno hefyd yn Vespasian A. xiv.
[2]LSD 1.
[3]ib. 7 (§9).
[4]ib. 12-15.
[5]ib. 16.
[6]ib. 17.
[7]ib. 19-20.
[8]ib. 20.

dwyn at Aeddan y gloch ' Cruedin ' a roesai Dewi iddo,—
dywedir fod traean neu chwarter Iwerddon dan awdurdod
Dewi[1] ; y gwenyn o fynachlog Dewi yn dilyn Modomnoc ar ei
ffordd i Iwerddon,—y tro cyntaf i wenyn ymgartrefu yn
y wlad honno[2] ; hanes pererindod Dewi, Teilo a Phadarn i Jer-
wsalem[3] ; cadarnhau'r Ffydd Uniongred ar ôl Senedd Frefi,—
cwynir bod y dyfarniadau bellach yn ddi-rym, ond maent ar
gael mewn hen ysgrifeniadau yn llaw Dewi ei hun[4] ; hanes yr
ail senedd, *Victoria*[4] ; hanes am adeiladu eglwysi ac am weith-
garwch o bob math,—dywedir bod Dewi yn esgob, yn ben ar y
cyfan, ac yn bopeth i bawb ;[5] hyd oes Dewi, sef 147 o flyn-
yddoedd ;[6] hanes ei gladdu ;[7] ffynonellau'r Fuchedd ;[8] deis-
yfiad Rhigyfarch am weddïau'r sawl a ddarlleno ei waith ;[9]
ac yn olaf y gweddïau, sy'n digwydd ar ddiwedd y Fuchedd
Ladin.[10]

Dyma'r prif adrannau y dewisodd y Cymro eu hepgor. Fel
y dywed ar y dechrau, ' talm ' o'r Fuchedd a rydd ef, a bu
wrthi yn dewis ei ddarnau ac yn eu rhoi ynghyd i lunio fersiwn
newydd. Gwelwn nad oes ganddo gyfeiriad at fywyd y
mynaich yn Nhyddewi, ac ni rydd felly yr un amlygrwydd â'r
Lladin i'r asetigrwydd a nodweddai genhadaeth y Sant. Mae
llawer iawn llai o sôn am gysylltiadau Gwyddelig Dewi, ac
nid adroddir o gwbl am y bererindod i Jerwsalem. Rhoddir lle
pur amlwg i Senedd Frefi, eithr tenau iawn yw'r cysylltiad
rhyngddi a chwestiwn heresi ac uniongrededd. Ac ni theim-
lwyd fod angen cynnwys y darnau litwrgïaidd ar y diwedd.

[1]LSD-20-21.
[2]ib. 21-22.
[3]ib. 22-24.
[4]ib. 27.
[5]ib. 28 (§56).
[6]ib. 28-29.
[7]ib. 31.
[8]ib. 31-32.
[9]ib. 32.
[10]ib. 33.

Yn ôl Hugh Williams,[1] fel pregeth boblogaidd i'w thraddodi ar ddydd gwyl y Sant y lluniwyd y Fuchedd Gymraeg o'r Lladin, a hyn a eglura'r math o gyfaddasu ac o newid a wnaed. Barn Mrs. Chadwick[2] fod y Cymro, wrth adael allan lawer o'r cysylltiadau Gwydddelig, y pwyslais arbennig ar asetigrwydd y Sant, a hanes y bererindod i Jerwsalem, yn ymwadu â'r traddodiadau Celtaidd cynnar sy mor amlwg ym Muchedd Rhigyfarch, ac yn ceisio cydio Dewi wrth Rufain lle y dywedir ddarfod ei urddo'n archesgob.[3] Yn sicr, lluniwyd y Fuchedd Gymraeg ar gyfer cynulleidfa wahanol i eiddo Rhigyfarch, cynulleidfa a oedd yn symlach ei deall ac yn gulach ei gorwelion, ac a oedd heb ymdeimlo, o leiaf i'r un graddau, â'r helyntion a'r problemau pwysfawr a gyffroes y clerigwr dysgedig o Lanbadarn. Bodlonir ar adrodd yn syml a phlaen am ryfeddol dras, rhyfeddol weithredoedd a rhyfeddol farwolaeth y Sant. Fel yn y Lladin pwysleisir ei ryfeddod drwodd, ac nid oes hefelydd iddo. Eithr nid oedd gan y Cymro yn union yr un nod na'r un ddelfrydiaeth gadarn â Rhigyfarch ; ac yn sicr, gwahanol yw naws ac awyrgylch y gwaith ar ei hyd.

Er bod ôl y gwnïad lle cydir darn wrth ddarn i'w ganfod yma a thraw, a bod rhediad yr hanes weithiau yn aneglur ac afrwydd, y mae'r Fuchedd Gymraeg ar y cyfan yn gyfanwaith cryno a chymen. Fe'i hysgrifennwyd mewn iaith ac arddull syml a dirodres, sy'n gweddu'n hapus i fater yr hanes a draethir. Yn wahanol i'r chwedlau seciwlar, anaml y cawn yma yr addurn a'r cynildeb sy'n gynnyrch dawn a disgyblaeth y llenor. Gŵr eglwysig, mae'n ddiau, oedd yr awdur. Nid artist llenyddol mohono, eithr yr oedd ganddo ef megis eraill a luniodd fersiynau Cymraeg o weithiau crefyddol y Cyfnod Canol, afael gadarn a sicr ar yr iaith lenyddol, a llawn fedr i'w defnyddio'n hwylus at ei bwrpas. Ni chreodd gampwaith

[1]CEB 381-2.
[2]SEBC 148-9, gw. hefyd Vendryes, RC xlv. 141-2.
[3]14.8-9, gw. nod.

C

llenyddol, ac odid y ceisiodd, eithr y mae ei ' gofiant' i Ddewi
yn esiampl deg o Gymraeg graenus, glân a chywir yn ôl
safonau'r cyfnod y perthynai ef iddo.

Y TESTUNAU CYMRAEG

Digwydd y Fuchedd mewn nifer o lawysgrifau,[1] a sylwn
yma ar bump ohonynt, sef y rhai cynharaf :

A. *Jesus College MS.* 119, neu *Llyvyr Agkyr Llandewivrevi*
93a—103b. (Arni gw. RMWL ii. 30-31, hefyd Thomas Jones
' The Book of the anchorite of Llanddewi Brefi (Llyvyr
Agkyr Llandewivrevi) ' TCAS xii. 63-82, ac Idris Foster
The Book of the Anchorite, The Sir John Rhŷs Memorial
Lecture, British Academy, 1949). Fe'i golygwyd a'i hargraffu'n
llawn gan J. Morris-Jones a John Rhŷs yn y gyfrol *The
Elucidarium and other tracts in Welsh from Llyvyr Agkyr
Llandewivrevi, A.D.* 1346 (LlA).

Mewn nodyn sy'n digwydd ar ôl y rhagdraeth i'r testun

[1]Dyma'r llawysgrifau eraill y digwydd y Fuchedd yn gyflawn neu'n
anghyflawn ynddynt : Peniarth 15, y bymthegfed ganrif, copi o A
(RMWL i. 334-6) ; Peniarth 27, 1475—1500, aralleiriad yn llaw
Gutun Owain (ib. i. 355-8) ; Peniarth 225, 1594—1610, yn llaw Syr
Thomas Wiliems (ib. i. 1049-53) ; Llanstephan 34, diwedd yr unfed
ganrif ar bymtheg, yn llaw Roger Morys o Goedytalwrn (ib. ii. 474-7) ;
Havod 10, c. 1620 (ib. ii. 312-3) ; Peniarth 120, diwedd yr 17eg ganrif,
yn llaw Edward Lhuyd (ib. i. 730-40) ; Cardiff 36 a Llanstephan 104,
dechrau 'r 18fed ganrif (ib. ii. 231, 564-5), Peniarth 319.

Dylid cyfeirio'n arbennig at ymdriniaeth y Parch. J. W. James yn
CLlGC (gw. uchod). Rhydd ef restr o'r llawysgrifau a thrafod eu
perthynas â'i gilydd. Gellir chwilio yno am rai manion nad oes ddiben
eu hailadrodd yma. Dengys Mr. James gymaint y cytundeb rhwng y
testunau, a chywir ddigon yw ei farn eu bod oll yn deillio o'r un ffyn-
honnell. Ni ellir ei ddilyn, fodd bynnag, pan awgryma mai *Llyfr yr
Ancr* yw'r ffynhonnell honno (td. 13). Yn sicr, mae gennym rai tes-
tunau cynnar eraill na allant hanfod ohoni hi, ac y mae ynddi hithau
olion digamsyniol o gopïo o ryw destun cynharach. Hefyd, nid cywir
rhoi'r ail ganrif ar bymtheg fel oed NLW 5267B ; mae'r bymthegfed yn
nes i'r gwir.

Fe ddyry'r Athro Idris Foster restr o'r prif lawysgrifau yn *The Book
of the Anchorite* (td. 224), gw. uchod. Gw. hefyd yr Athro Caerwyn
Williams, LlC v. 112-17.

cyntaf yn y llsgr., sef *Hystoria Lucidar* neu'r *Elucidarium*, fe
gawn y geiriau hyn :

> Gruffud ap ll(ywelyn). ap phylip ap trahayarnn. o
> kant(r)ef mawr aberis yscriuennv yllyuyr hwnn. o law
> ketymdeith idaw. nyt amgen. gwr ryoed agkyr yr amsser
> hwnnw yn llandewyureui. yrei y meddyanho duw yheneideu
> yny drugared. Amen.
> > anno d(omi)ni mCCC. Quadrages(im)e Sexto.

Lluniwyd y gwaith, felly, ar gyfer Gruffudd ap Llywelyn ap
Phylip ap Trahaearn o'r Cantref Mawr, uchelwr a drigai yn
Rhydodyn, ger Llansawel yn Sir Gaerfyrddin, ac a hanoedd o
deulu a oedd yn nodedig am eu nawdd i lenyddiaeth Gymraeg.[1]
Casgliad o destunau crefyddol, sy'n gyfieithiadau o'r Lladin,
a geir yma, ac y mae'r llsgr. yn dyst i'r math hwn o weith-
garwch llenyddol yn y rhan yma o Gymru yn y bedwaredd
ganrif ar ddeg.[2] Dyma enghraifft o uchelwr llengar a chrefydd-
gar a fynnai gasgliad o destunau crefyddol poblogaidd.

Gwnaeth yr ancr gymwynas â ni wrth nodi'r flwyddyn, sef
1346, eithr carem wybod at ba beth yn union y cyfeiria. Fel
y dywed yr Athro Caerwyn Williams,[3] nid at flwyddyn copïo
holl destunau'r llsgr. y cyfeirir o angenrheidrwydd. Fe ddichon
mai at *Hystoria Lucidar* yn unig y cyfeirir, a bod y testunau
eraill wedi eu copïo yn ddiweddarach, neu ynghynt, er bod
hynny yn llai tebygol.

B. *Llanstephan* 27 neu *Llyfr Coch Talgarth* 62b—71b.
(gw. RMWL ii. 455-62).

Casgliad o destunau crefyddol yn bennaf a gawn yn hon
hithau. Mae ynddi y rhan fwyaf o'r testunau sy'n digwydd yn
A uchod yn ogystal â thestunau eraill, y ceir rhyw bump

---

[1]gw. Foster, *op. cit.*
[2]Math o weithgarwch a oedd yn amlwg ym Morgannwg a Gŵyr yn yr
un cyfnod, fel y sylwodd yr Athro G. J. Williams, TLlM 146-9.
[3]BBCS xi.156.

ohonynt yn Peniarth 5, sef rhan o Lyfr Gwyn Rhydderch.[1]
Mynn y Dr. Gwenogvryn Evans mai'r un llaw sydd yma ag yn
rhannau helaeth o Lyfr Coch Hergest a Peniarth 32. Os cywir
hyn, teg yw casglu mai'r un cartref oedd iddynt, ar un adeg o
leiaf. Rhaid cyfeirio yma at farn yr Athro G. J. Williams fod
Llyfr Coch Hergest yn un o lyfrau Hopcyn ap Tomas ab
Einion,[2] yr uchelwr llengar o Ynystawe, a oedd yn ei flodau yn
hanner olaf y bedwaredd ganrif ar ddeg. Yn sicr ddigon, dyma
gasgliad teilwng o ŵr o'i ddysg a'i ddiwylliant ef,—y Mabin-
ogion, y Rhamantau, y Brutiau, Chwedlau Siarlymaen, yr
' Imago Mundi,' Chwedlau Saith Doethion Rhufain, Meddygon
Myddfai, Canu Llywarch Hen, Awdlau'r Gogynfeirdd, ynghyda
rhai pethau eraill. Eithr nid oes yma nemor ddim o'r math o
lenyddiaeth a gasglwyd ynghyd yn Llyfr yr Ancr, ac oni
fyddai arno yntau, megis yr uchelwr o Lansawel yn y Cantref
Mawr, angen casgliad o destunau ' crefyddol ' i borthi anghen-
ion ei enaid ? Rhaid peidio â rhuthro i gasgliadau pendant gan
mor fregus ein gwybodaeth, eithr ni allaf ymatal rhag awgrymu
bod Llyfr Coch Talgarth yn gymar i Lyfr Coch Hergest, a
darfod ei lunio ar gyfer yr un gŵr. Fe berthynai felly i ran
olaf y bedwaredd ganrif ar ddeg.[3] Deallwn oddi wrth rai o'r
cerddi a ganwyd i Hopcyn ap Tomas fod ganddo gopi o'r
Elucidarium,[4] ac wrth gwrs, mae hwnnw yn un o'r testunau
sy'n digwydd yn Llyfr Coch Talgarth.

C. *Llanstephan* 4, pedwaredd gyfrol *Y Didrefn Gasgliad*.[5]
Testun anghyflawn ; nid erys ond tri darn, 522a—523b,
524a—525b, 528a—531b. (Arni gw. RMWL ii. 424-7, ChO
xxxiv—xlii, CLlGC ix. 1—2). Fe'i hamserir o gwmpas 1400
gan Gwenogvryn Evans, a chytuna Syr Ifor Williams â'r

---

[1]gw. RMWL i.306-16, ii. 458-9 ; hefyd BBCS iv.330, ix.42, 221-3,
xiv.108-9.
[2]TLlM 13-14, 147.
[3]c. 1400 yw'r dyddiad a rydd Gwenogvryn Evans (RMWL ii.455).
[4]gw. TLlM 12-13.
[5]gw. Ed. Lhuyd, ABr 254a.

dyddiad hwn.[1]   Fe berthyn felly yn fras i'r un cyfnod â B
uchod.

Ch. *Cotton MS. Titus D. xxii*, 138a—155b. (Arni gw. Syr
Idris Bell yn VSBG xiii—xvi). Fe argraffwyd y testun o
Fuchedd Dewi ynddi yn llawn gwallau gan W. J. Rees yn
Lives of the Cambro-British Saints 102-16 (LCBS).

Casgliad o destunau crefyddol yn bennaf a geir yma eto, ac
yn eu plith fucheddau Gwynllyw a Chadog (yn Lladin) a
bucheddau Margaret a Chatrin yn ogystal â Dewi (yn Gym-
raeg). Mae ei chynnwys at ei gilydd yn bur wahanol i eiddo
A a B uchod. Yr unig destunau sy'n gyffredin i'r tair yw
Buchedd Dewi ac Ebostol y Sul. (Digwydd Buchedd Catrin
yn B,[2] ond nid yn A). At hynny, mae'n llawysgrif ddwyieithog,
a thipyn mwy na'i hanner yn Lladin.

Daeth Syr Idris Bell i'r casgliad mai'r un llaw sydd i'w
chanfod drwyddi, a barn ddarfod ei hysgrifennu yn rhan gyntaf
y bymthegfed ganrif, ac yn weddol fuan ar ôl 1429.

D. NLW MS. 5267 B (*Dingestow* 7) *Y Casgliad Brith*. Testun
anghyflawn : dau ddarn bychan, 85a & b, 86 a & b. (Arni gw.
Handlist of Manuscripts in the National Library of Wales,
Series 11, Number 8, td. 81 ; hefyd CLlGC ix. 2, a BBCS ix.
221-2). Casgliad cymysg o destunau rhyddiaith sydd yn hon, a
bernir ddarfod ei hysgrifennu yn y bymthegfed ganrif, tua
chanol y ganrif efallai.[3]

Mae cyfatebiaeth bur glos rhwng D (cymaint ohoni ag a
gadwyd) ac Ch, a chytuna'r ddwy yn fynych yn erbyn A a B.
Digwydd yn D, fodd bynnag, ddau neu dri o ddarlleniadau lle
cytuna â B yn erbyn Ch, a phrin felly y gall fod yn gopi o'r
olaf. Mwy tebygol yw fod y ddwy yn gopïau uniongyrchol o'r
un cynsail.

[1]ChO xl, xlii.
[2]Y diwedd yn unig (dwy dudalen), gw. RMWL ii.458.
[3]Bai am *xv Cent* yw *xvii cent* yn yr *Handlist*.

Perthyn C ac Ch yn weddol agos i'w gilydd, a mynych y cytunant yn erbyn A a B, neu yn erbyn un o'r ddwy. Ond y mae yn C nifer o ddarlleniadau lle y cytuna ag A a B yn erbyn Ch. Weithiau cytuna ag A yn erbyn B ac Ch, a digwydd dau neu dri o ddarlleniadau lle y cytuna â B yn erbyn A ac Ch.

Ceir y testun yn gyflawn yn A, B ac Ch. O'u cymharu â'i gilydd, buan y gwelir eu bod yn deillio yn y pen draw o'r un cynsail. Collwyd hwnnw, fodd bynnag, a chydag ef, y mae'n sicr, destunau eraill o'r bedwaredd ganrif ar ddeg. Rhwng y tair llawysgrif yma a'i gilydd fe ddigwydd amryw byd o fân amrywiadau mewn ffurf, gair a threfn geiriau, ac y mae'r rhain, o'u hastudio'n ofalus, yn dangos yn gwbl bendant na all un ohonynt fod yn gopi o'r llall. Ni all y tair chwaith, fod yn gopïau annibynnol ac uniongyrchol o'r un testun gwreiddiol.

Yn A a B (a hefyd yn C yn wreiddiol, gw. RMWL ii. 426-7) dilynir Buchedd Dewi yn uniongyrchol gan Fuchedd Beuno, a diau fod y ddwy fuchedd yn digwydd gyda'i gilydd yn y drefn hon mewn testun cynharach. Ni ddigwydd Beuno yn Ch, nac yn D.[1]

Weithiau bydd A a B yn cytuno â'i gilydd yn erbyn Ch. Hefyd digwydd nifer go lew o ddarlleniadau lle cytuna A ac Ch yn erbyn B. Amlach, fodd bynnag, yw'r cysylltiadau lle bydd B ac Ch yn cytuno yn erbyn A. Mae cyfatebiaeth bur glos rhwng B ac Ch (a hefyd C a D) o ran ffurf ac orgraff, peth a ddengys fod perthynas agosach rhyngddynt a'i gilydd nag sydd rhwng un ohonynt ac A.[2] Pwynt arall tra phwysig y

---

[1]Mae Beuno i'w chael hefyd mewn llawysgrifau eraill sy'n cynnwys Buchedd Dewi : Peniarth 15 (RMWL i.335), Peniarth 225 (ib. i.1052), Llanstephan 34 (ib. ii.476), Havod 10 (ib. ii.312), Peniarth 120 (ib. i.731), Cardiff 36 (ib. ii.231).

[2]Dyma enghreifftiau o ffurfiau cyffredin lle bydd A yn wahanol i BCh (a hefyd C a D) ; rhoddir ffurf A gyntaf : *dywat* / *dywawt* ; *damwein* / *damchwein* ; *etuo* / *etto*. Cyll A *i* yn amlach : *syrthaw* / *syrthyaw* ; *eissoes* / *eissyoes* ; *gleissat* / *gleissyat*. Tuedda A i glymu rhai ffurfiau, tra cedwir hwy ar wahân gan BCh : *ewchwi* / *ewch chwi* ; *elleisti* / *elleist di* ; *ythagneued* / *yth dangnefed* ; *yryw* / *yr ryw* ; *arei* / *ar rei* ; *achret* / *ach cret* ; *neur* / *neu yr*.

dylid ei nodi yma yw fod brawddeg gyfan yn eisiau yn B ac Ch, sef y geiriau ' A syrthyaw a oruc Dewi ar y corff, a dodi y eneu vrth eneu y mab' (16.9-10). Fe geir y frawddeg hon gan A, a diau mai ef sy'n cynrychioli'r testun gwreiddiol. Mae'r esboniad ar ei cholli yn B ac Ch yn amlwg : mewn rhyw destun cynnar llamodd llygad y copïwr lluddedig o'r gair ' mab,' a ddaw yn union o flaen y frawddeg i'r enghraifft nesaf ohono, a ddigwydd ar ei diwedd, ac felly colli'r frawddeg oll.

Teg yw casglu, felly, fod B ac Ch (ac C a D) yn deillio'n wreiddiol o'r un cynsail, a bod hwnnw yn wahanol i A. Rhaid bod y testun hwnnw ac A yn deillio yn uniongyrchol neu'n anuniongyrchol o un testun cynharach. Go brin mai'r testun gwreiddiol oedd hwnnw, fodd bynnag, achos fe ymddengys fod yr holl destunau a gadwyd wedi etifeddu gwallau a wnaeth rhyw gopïwr cynnar mewn testun sy'n gynsail iddynt i gyd. Copi, y mae'n ddiau, oedd cynsail yr holl destunau sy gennym ni : eto i gyd, mae'n sicr nad oes ond mân wahaniaethau rhyngddynt a'r testun gwreiddiol. Ni wyddys pa bryd y cyfansoddwyd hwnnw, eithr nid yw'n debyg ei fod yn llawer cynharach nag oed y testunau hynaf a gadwyd.

Drwy astudiaeth gymharol o'r testunau a thrwy gyfeirio at y Lladin lle yr oedd angen, ceisiais yma lunio testun a ddôi mor agos ag y gellid ei ddwyn at y gwreiddiol. Fe'i seiliwyd yn bennaf ar B, eithr weithiau fe ddewiswyd darlleniadau o'r testunau eraill. Dilynwyd A bron bob tro lle byddai Ch yn cytuno ag ef yn erbyn B, am fod darlleniad ACh mewn achosion felly yn sicr yn cynrychioli'r gwreiddiol yn well na B. Nodais y prif amrywiadau o'r testunau cynharaf, ac weithiau o destunau diweddarach yn ogystal. Rhannwyd y gwaith yn baragraffau, a rhoddwyd penawdau i'r gwahanol adrannau.

Rhai Nodweddion Iaith

Sylwn yma ar rai nodweddion yn iaith y testun a all fod yn help inni benderfynu ei oed. Ni fynnwn fod mor ehud â honni

fod yma dystiolaeth derfynol, gan nad oes gennym hyd yma
wybodaeth ddigon manwl a phendant am nodweddion yr iaith
yn y cyfnodau hyn. Rhaid fydd wrth astudiaeth drylwyrach o'r
iaith lenyddol, a hefyd o'r tafodieithoedd : diau y dichon i
helaethrwydd dysg yn y ddau faes yma roi inni oleuni gwerth-
fawr, nid yn unig ar gyfnod cyfansoddi testun arbennig, ond
hefyd ar y rhan o'r wlad y perthyn iddi. Nid yw'r iaith len-
yddol a gawn yn ein gweithiau rhyddiaith yn gwbl lân oddi
wrth nodweddion ' tafodieithol,' a rhaid fydd rhoi sylw manwl
i'r rhain. Ond ni ddaeth yr awr i hynny eto.

Dyma rai mân bwyntiau a dynnodd fy sylw. Fe'u codais ar
antur ac fe'u rhoddaf yma yn y gobaith y gallant fod o ryw
ddefnydd ar gyfer astudiaeth drylwyrach o iaith y cyfnod hwn.
I mi, ar hyn o bryd, fe ymddengys eu bod yn awgrymu cyfnod
na all fod lawer cynharach na chanol y bedwaredd ganrif ar
ddeg ; ond cofier nad yw hyn ond awgrym.

Nid oes enghraifft o un o hen ffurfiau perffaith neu orberffaith
y berfau *mynet, dyuot, gwneuthur,* ffurfiau megis *ethyw, dothyw,*
gwnathoed, etc. ; gw. GCC 89 n.2, WG 364-5. Ac ni cheir ffurfiau
ar *dyuot* megis *dybyd, dyvu,* sy'n gyfansawdd o *dy-* (*deu-*) a *bot,*
gw. GCC 90 n.3.

Ni ddigwydd un enghraifft o *-wys* fel terfyniad y gorffennol
3. un. ; ar hyn gw. BBCS xvii. 258-61. Nid oes enghraifft
ohono, chwaith, yn ChSDR, ChO na FfBO, eithr mae'n
derfyniad cyffredin ddigon mewn CC ; gw. GCC 82, WG 325-6.

Digwydd y geiryn rhagferfol *yr* bron mor fynych ag *yd* ; gw.
GCC 113-4. Nid oes enghraifft o *yr* yn BR na ChSDR ; ceir
dwy yn ChO.

Nid oes ond dwy enghraifft o'r geiryn *ry,* ac yn y ddwy fe
ddaw o flaen berfenw (8.6, 9.21) ; gw. GCC 112-3, hefyd BD
xlix, lle y dangosir fod y geiryn wedi colli tir yn gyflym yn
ystod y bedwaredd ganrif ar ddeg. Digwydd *neur* unwaith
(10.19), gw. GCC 114. Ni ddigwydd *yr* (< *ry*) yn A, B, Ch, ond

mae un enghraifft yn C. *yr adawssei* = *y gadawssei* (22-12) yn y lleill.

Ni ddigwydd enghraifft o *yn y(d)* ' pan ' neu ' lle y ' ; gw. GCC 47, WG 431. Ceir nifer o enghreifftiau ohono yn BD (gw. td. 323) a PKM (gw. td. 330), eithr ni ddigwydd yn YCM, ChSDR na ChO.

Nid oes enghraifft o ddefnyddio *ar* yn yr ystyr o ' at ' o flaen enw person neu bobl ; *at* a geir bob tro (2.2, 5.21, 14.23, 15.2, 17, 20.20) ; gw. GCC 123, hefyd BD li.

Digwydd *yr ys* ' ers ' (ac nid *ys*) o flaen enw'n dynodi amser (2.20, 5.13, 19.12) ; gw. GCC 94, PKM 114, BBCS xv. 204-5.

Digwydd *kyn* fel arddodiad o flaen berfenw a rhagenw blaen (A *chynn* eu dyuot 15.24) : y gystrawen gynharaf oedd *kyn no* a rhagenw mewnol ; gw. GCC 27, CA 81, BBCS xiii. 126.

Ni ddigwydd enghraifft o ddynodi'r cyrchfan heb arddodiad gyda berfau'n dynodi symud, gw. GCC 145-6, BD lvii. Digwydd *vynet ynys arall* yn LlA 106.30, ond mae'n rhaid mai gwall copïo a gyfrif fod *y* yma yn eisiau o flaen *ynys*.

Digwydd *mae* ' mai ' deirgwaith (6.21, 14.4, 14) a *pan yw* unwaith, 20.18 (= *mae* B, gw. amrywiadau) ; gw. GCC 95, 52, hefyd WG 448-9.

Digwydd *o'n* (ac nid *oc an*) yn 16.12, *a'ch* (ac nid *ac awch*) yn 21.18, ac *y'n* (ac nid *y an*) yn 22.3 (= *y an* LLA 117.25) : ond ceir *ac eu* yn 8.7 ; gw. GCC 34 n.3, BBCS xiv. 24-29.

Digwydd *ymeith* ' ymaith ' (ac nid *ymdeith* < *y ymdeith*) yn 8.22 ; gw. GCC 143.

BUCHED DEWI

Yma[1] y treythir o ach Dewi, ac o dalym[2] o'e vuched.[3]

[ACH DEWI]

Dauyd uab Sant, vab Keredic, vab Kuneda, vab Edyrn,[4] vab Padarn Beisrud, vab Deil, vab Gordeil, vab Dwvyn, vab Gordwvyn, vab Amguoel, vab Amweryt, vab Omit, vab Perim,[5] vab Dubim, vab Ongen, vab Auallach, vab Eugen, vab Eudoleu,[6] vab chwaer[7] Veir Wyry, vam Iessu Grist.

[SANT A'R DOFOD]

[63] Keredic[8] Vrenhin a wledychawd lawer[9] o vlwynyded,[10] ac o'e enw ef y kafas Keredigyawn y henw. A mab a vu idaw, ac enw y mab oed Sant. Ac y hwnnw yd[11] ymdangosses angel[12] yn[13] y hun, a dywedut[14] wrthaw : 'Auory,' heb ef, ' ti a[15] ey y hely, a thi a geffy tri dyuot geyr llaw[16] auon Deiui, nyt'amgen, karw a gleissyat a heit o[17] wenyn, y mywn prenn uch penn yr auon, yn y lle a elwir Henllan yr awr honn.[18] Dyro dylyet y[19] tir y gadw[20] y vab ny anet etto[21] : ef[22] bieivyd[23] deu le hyt Dyd Brawt, y rei a dywetpwyt[24] uchot, Linhenllan a Litonmaucan.

[1]A, Ch. val hynn B.
[2]A, Ch. beth B.
[3]A, Ch. + ae wyrtheu B.
[4]edern A.
[5]perim ? A. peru B. pern Ch, P.225, C.36.
[6]eurdoleu (-en ?) Ch, D.
[7]chaer B.
[8]Karedic D. Caredic Ll.34.
[9]dalym Ch, P.225. dalm D, Ll.34, Ll.104, C.36.
[10]vlwnyded Ch, D. amser Ll.34, Ll.104, C.36. amser a blynydhoedh P.225.
[11]yr A, Ll.104.

[12]A, Ch.—B, P.225.
[13]A, Ch, D. drwy B.
[14]a dywedut A, Ch, D. ac a dywawt B.
[15]—Ch, D.
[16]geyr llaw] ger lan A.
[17]—A.
[18]Henllan yr awr honn] yr awr honn henllan A.
[19]dy D, P.225.
[20]A.—B, Ch, D.
[21]A, Ch, D. + kanys B.
[22]efo Ch. euo D.
[23]bievyd Ch. bieuyd D.
[24]dywespwyt Ch.

[PADRIG]

Odyna y doeth Padric hyt yng Glynn Rosin, ac y medylyawd dwyn yno y uuched.[1] Ac angel a doeth att Badric, ac a dywawt wrthaw : ' Adaw di,' heb ef, ' y lle hwnn y vab ny anet etto.' Sef a oruc Padric,[2] llidiaw a dywedut, ' Paham y tremygawd yr Arglwyd y was, a uu yr yn uab yn gwassanaethu idaw drwy ovyn a charyat,[3] ac[4] ethol ohonaw ynteu yr awr honn mab ny anet, ac ny enir hyt ympenn deng mlyned ar hugeint ? '

Ac ymbarattoi a oruc Padric y ymadaw ehun,[5] ac adaw[6] y lle hwnnw y'r Arglwyd[7] Grist. A'r Arglwyd, eissyoes, a garei Badric yn vawr, ac a anuones angel attaw o'e[8] duhudaw. A'r angel a dywawt wrthaw, ' Padric,[9] byd lawen, kanys yr Arglwyd a'm anuones i attat ti, y dangos ytt Ynys Iwerdon o'r eistedua yssyd yng Glynn Rosin (ac a elwir yr awr honn Eistedua Badric). Kanys ti a vydy ebostol yn yr ynys a wely di, a thi a diodeuy[10] lawer yno o garyat Duw,[11] a Duw a vyd y gyt a thi, beth bynnac a wnelych.'

Ac yna y llonydwyt medwl Padric, ac y gedewis Padric[12] y Dewi y lle hwnnw. A pharatoi llong yn y porthloed idaw,[13] a chyuodi o varw gwr[14] a gladyssit yno ar y morua yr ys pymtheng mlyned ; Cruchier oed y enw. A mynet a oruc Padric y Iwerdon, a'r gwr hwnnw y gyt ac ef. A hwnnw, gwedy hynny, a vu esgob.

---

[1]yno y uuched A, Ch. y vuched yno B.

[2]A, — Ch. + yna B.

[3]chareat B.

[4] — A. y Ch.

[5]y ymadaw ehun] yndaw ehun B, Ch, D, P.225, C.36. yndaw A.

[6]ydaw A.

[7]A, Ch. + iessu B.

[8]y A.

[9]A, Ch. + heb ef B.

[10]A, Ch, D. odefy B.

[11]o garyat Duw A. yr kareat ar duw B, P.225. yr karyat duw Ch, D.

[12]A, Ch, D, Ll.34, Ll. 104, P.15, P.120 — B, P.27, P.225.

[13]A, Ch, D. + a oruc B.

[14]gwr A, Ch. y gwr B.

[GENI DEWI]

Ac ympenn y deng mlyned ar hugeint gwedy hynny, ual yd[1] oed y brenhin a elwit Sant yn kerdet ehun, nachaf leian yn kyfaruot ac ef. Sef a oruc ynteu, ymauael a hi a dwyn treis arnei. A'r lleian[2] a gafas beichogi (enw y lleian oed Nonn), a mab a anet idi, a Dauyd a rodet[3] yn enw arnaw. A gwr ny bu idi hi na chynt na gwedy : diweir oed hi o vedwl a gweithret.

[RHAI O WYRTHIAU DEWI]

Kyntaf gwyrth a wnaeth[4] Dewi : o'r pan gafas hi veichogi, ny mynnawd hi[5] vwyt namyn bara a dwfyr yn y hoes. Ac ny lewes[6] Dewi vwyt, namyn[7] bara a dwfyr.

Eil gwyrth a wnaeth Dewi : a'e uam yn mynet y'r eglwys y warandaw pregeth y gan[8] Gildas Sant, Gildas a dechreuawd pregethu, ac nys gallei. Ac yna y dywawt Gildas : ' Ewch oll o'r eglwys allann,' heb ef. Ac elchwyl profi pregethu a oruc, ac nys gallei. Ac yna y govynnawd Gildas a oed neb yn yr eglwys onyt efo ehun. ' Yd wyf i yma,' heb y lleian, ' y rwng y dor a'r paret.' ' Dos di,' heb y sant, ' odieithyr[9] yr eglwys, ac arch y'r plwyf[10] dyuot y mywn.' A phop vn a doeth y le[11] y eisted, ual y buassei. Ac yna pregethu a oruc y sant yn eglur ac yn vchel[12]. Ac yna y govynnawd y plwyf idaw, ' Paham na elleist di bregethu y ni gynneu, a ninneu yn llawen yn damunaw dy warandaw di ? ' ' Gelwch,' heb y sant,[13] ' y lleian y mywn, a yrreis i gynneu o'r eglwys.'[14] Heb y Nonn, ' Llymma vyui,'[15] Heb y Gildas yna, ' Y mab yssyd[16] yr g

---

[1]yr A, P.120.
[2]A, C, Ch. + yna B.
[3]roet Ch, P.225.
[4]A, C, Ch. oruc B.
[5]—C, C.36.
[6]lewas A, P.15, P.120.
[7]eithyr D.
[8]y gan A.—B, C, Ch.
[9]ydieithyr A.
[10]+ oll Ch, D.

[11]y le] y mywn C, C.36.
[12]yn eglur ac yn vchel] yn vchel ac yn eglur D.
[13]heb y sant]—D.
[14]gynneu o'r eglwys A, C, Ch, D, P.225, P.120, C.36. or eglwys gynneu B.
[15]A, C, Ch. + Ie B.
[16]ysy A, P.15, P.120.

kroth y lleian honn yssyd vwy[1] y vedyant a'e rat a'e urdas
no myui, kanys idaw ef ehun y rodes Duw breint a phennad-
uryaeth holl seint Kymry yn dragywydawl, kynn Dyd Brawt
a gwedy. Ac, am hynny,' heb ef, 'nyt oes[2] fford y mi y
drigyaw yma hwy, o achaws[3] [64] mab y lleian racko,[4]
y rodes Duw idaw bennaduryaeth ar bawp o'r ynys honn. A
reit yw y mi,' heb ef, ' vynet y[5] ynys arall, a gadaw[6] y'r
mab hwnn yr ynys honn.'

Gwyrth arall a wnaeth Dewi : yn yr awr y ganet, ef a doeth
taraneu a mellt. A charrec a oed gyferbyn a phenn Nonn a
holltes yny uu[7] yn deu hanner, ac a neidyawd y neill hanner
idi dros benn y lleian[8] hyt is y thraet, pan yttoed hi[9] yn
esgor.

Gwyrth arall a oruc[10] Dewi : pan vedydywyt, ef a ymdangoss-
es ffynnawn o'r daear, lle ny buassei ffynnawn eiryoet. A dall
a oed yn daly Dewi wrth vedyd a gafas yna y olwc.[11] Ac yna
y dall a wybu vot y mab yd[12] oed yn y daly wrth vedyd yn
gyflawn o rat.[13] A chymryt y dwfyr bedyd,[14] a golchi y
wyneb a'r[15] dwfyr.[16] Ac o'r awr y ganet, dall[17] wynepclawr
oed. Ac yna y olwc a gafas, a chwbyl o'r a berthynei arnei.
Sef a wnaeth pawb yna, moli Duw ual y dylyynt.

[ADDYSG DEWI]

Y lle[18] y dysgwyt Dewi yndaw a elwit *Uetus Rubus*, yng
Kymraec[19] yr Hennllwyn. Yno y dysgwyt idaw ef seilym yr

[1]voe A, P.15, P.120.
[2]heb ef nyt oes] nyt oes hep ef A.
[3]achos A.
[4]+ yr hwnn C, Ch, P.225, C.36.
[5]—A, P.15.
[6]a gadaw A, C, Ch. ac adaw B.
[7]yny uu A, Ch.—B.
[8]y lleian A, C, Ch. nonn B.
[9]—C, P.225, C.36.
[10]wnayth Ch.
[11]yna y olwc A, C, Ch. y olwc yna B.

[12]yr A, P.15.
[13]+ duw Ch.
[14]+a oruc Ch.
[15]A. yr B. ac C, Ch, P.225, C.36.
[16]ef C, Ch, P.225, C.36.
[17]dall A, C, Ch. y dall B.
[18]y lle] Yny lle A, P.15, P.120.
[19]yng Kymraec] yngkymraec yw
A, C. sef yw hynny yngkym-
raec Ch, P.225.

holl vlwydyn a'e llithion a'r offerenneu. Yno y gweles[1] y
gytdisgyblon ef colomen a gyluin eur idi yn dysgu Dewi, ac yn
gware yn y gylch.

Odyna yd[2] aeth Dewi hyt att athro a elwit Paulinus, a
disgybyl oed hwnnw y esgob sant a oed yn Rufein. A hwnnw a
dysgawd Dewi yny vu athro. Ac yna y damchweinyawd colli
o athro Dewi y lygeit, o dra gormod dolur yn y lygeit. A galw
a oruc yr athro attaw[3] y holl disgyblon ol yn ol, y geissyaw y
ganthunt[4] ganhorthwy am y lygeit ; ac nyt yttoed yr un yn y
allel idaw. Ac yn diwethaf oll, galw Dewi a oruc. ' Dauyd,'
heb yr athro, ' edrych vy llygeit, y maent y'm poeni.' ' Ar-
glwyd athro,' heb y Dauyd,[5] ' nac arch y mi edrych dy lygeit.
Yr ys deng mlyned y doethum i attat ti y dysgu, nyt edrych-
eis[6] etto y'th wyneb di.'[7] Sef a oruc yr athro yna, medylyaw
a ryuedu kewilyd y mab, a dywedut[8] : ' Kanys uelly y mae,'
heb ef wrth y mab, ' dyro[9] dy law ar vy wyneb i,[10] a bendicka
vy llygeit, a mi a vydaf[11] holl iach.' A phan rodes Dauyd y
law ar y lygeit ef,[12] y buant holl iach. Ac yna y bendigawd
Pawlinus Dauyd o bob bendith a[13] geffit yn ysgriuennedic yn
y dedyf hen, ac yn y newyd.

[SEFYDLU EGLWYSI]

Yna y doeth angel att Bawlinus, a dywedut wrthaw ual
hynn : ' Amser,' heb ef,[14] ' yw y[15] Dauyd Sant vynet odyma,
y wneuthur y petheu yssyd dynghetuen y gan Duw idaw[16] y
wneuthur.''[17]

[1]gwelas A.
[2]yr A.
[3]atto Ch.
[4]A (ygantunt), C, Ch. ganthunt B.
[5]dewi Ch.
[6]+i A.
[7]—Ch.
[8]kewilyd y mab a dywedut A,
   P.15. y kewilyd a dywawt y
   mab B, C, Ch.
[9]+di A.

[10]A, Ch, P.225. — B, C.
[11]vyd Ch.
[12]y lygeit ef A, C, Ch, P.225.
   lygeit y athro B.
[13]A, Ch. or a B, C.
[14]yr angel A.
[15]—A.
[16]y gan Duw idaw] idaw ygan·
   duw C, C.36.
[17]y wneuthur] eu gwneuthur C,
   Ch.

Odyna y doeth Dewi hyt yng Glastynbri, ac yno yd[1] adeilyawd ef eglwys.

Dewi a doeth y'r lle[2] yr[3] oed dwfyr yn[4] llawn o wenwyn, ac a'e bendigawd, ac a wnaeth y dwfyr hwnnw yn dwymyn hyt Dyd Brawt. A hwnnw a elwir yr Enneint Twymyn.

Odyna y doeth Dewi hyt yng Krowlan,[5] ac hyt yn Rep-eewn.

Odyna y doeth y Gollan a Glascwm.

Odyna yd[6] adeilyawd[7] Lannllieni yng glann Hafren.

Odyna y rodes gwaret y Pebiawc, vrenhin Erging, a oed yn dall.

Odyna yr[8] adeilyawd eglwys yng Gwent, yn y lle a elwir Raclan.

Odyna yr[9] adeilyawd eglwys yn y lle a elwir Llanngyuelach yng Gwhyr.

Deu sant a oed[10] yng Ketweli, a elwit Botucat a Nailtrwm, a ymrodassant yn disgyblon y Dewi.[11]

[GORCHFYGU BOIA YNG NGLYN RHOSYN]

Odyna yd[12] ymchoelawd Dewi hyt y lle[13] a elwit *Vetus Rubus*. Ac yno yd[14] oed esgob a elwit Goeslan, a hwnnw[15] oed vrawt ffyd y Dewi. A Dewi a dywawt wrthaw, ' Angel yr Arglwyd a dywawt y mi mae[16] o vreid yd a vn o gant o'r lle hwnn y deyrnas nef ; ac a[17] dangosses[18] y mi le arall, ac o'r lle

[1]yr A.
[2]y'r lle A, Ch.—B.
[3]yd Ch.
[4]—A.
[5]kowlan B.
[6]yr A.
[7]A, Ch. + ef eglwys B.
[8]yd Ch.
[9]yd Ch.

[10]oedynt Ch.
[11]y Dewi] idaw A.
[12]yr A.
[13]hyt y lle A, Ch. yr lle B.
[14]yr A.
[15]+ a A.
[16]ymae A.
[17]ac a] a A.
[18]A, Ch. dangossawd B.

hwnnw nyt a neb y uffern o'r a vo ffyd da a chret ganthaw.
Ac a[1] glader y mynwent y lle hwnnw heuyt, nyt a neb[2] y
uffern.'

A dydgweith y [65] doeth Dauyd a'e disgyblon, nyt amgen,
Aedan ac Eliud ac Ismael, a llawer y gyt ac wynt, hyt y[3] lle a
uanagassei Duw udunt, nyt amgen, hyt yng Glyn Rosin :
Hodnant y gelwir y ile hwnnw. Kyntaf lle dan[4] yr awyr y
kynneuassant wy dan vu yno. A phan gynneuassant wy dan[5]
yno y bore glas, y kyuodes mwc ac y kylchynawd y mwc
hwnnw yr ynys honn oll, a llawer o Iwerdon ; a hynny o'r bore
glas hyt bryt gosper.

Ac yna yd arganvu tywyssawc a elwit Boya (ac Yscot oed)[6]
y mwc hwnnw. Ac o lit, eisted a oruc y mywn creic uchel o'r
bore hyt bryt gosper, heb vwyt,[7] heb diawt. A'e wreic a
uedrawd arnaw yno, ac a ovynnawd idaw paham na mynnei[8]
na bwyt na diawt. ' Dioer,' heb ef, ' trist wyf a llidiawc[9] ;
mwc a weleis hediw[10] yn kyuodi o Hodnant, ac yn kylchynu
llawer o dinasoed. Y[11] gwr,' heb ef, ' a gynneuawd y tan
hwnnw, y vedyant ef[12] a gerda fford[13] y kerdawd y mwc.'[14]
Heb y wreic,[15] ' Yr[16] wyt yn ynvyt. Kyuot y vyny,'[17] heb ihi,[18]
' a chymer dy wyr[19] y gyt a thi, a llad y neb a gynneuawd y tan
hwnnw ar dy dir di,[20] heb dy gennyat.'

Ac yna y doeth Boya a'e ysgwieryeit y gyt ac ef, ar uedwl
llad Dewi a'e disgyblon. A phan doethant y'r[21] lle yd[22] oed

[1]or rei a Ch.
[2]—A.
[3]hyt y] yr Ch.
[4]ydan Ch.
[5]wy dan] tan A. wy y tan Ch.
  hwy dan D.
[6]ac Yscot oed A, Ch, D. ogysgot
  B.
[7]+a Ch, D.
[8]mynnawd D.
[9]A, Ch, D.+kanys B.
[10]+heb ef A.
[11]A, Ch, D, C.36. ar B.

[12]e B.
[13]fford] y ford Ch, D.
[14]A, Ch, D. + Ie B.
[15]+wrthaw Ch, D. urtho C.36.
[16]A, Ch. yd B.
[17]vynyd A.
[18]heb hi A, Ch.—B.
[19]weisson A.
[20]—A.
[21]y'r B, D. tu ar A. parth ar Ch,
  C.36.
[22]A, Ch, D. yr B.

Dewi, y dygwydassant yn y cryt, hyt na ellynt wy wneuthur dim drwc[1] y Dewi nac y disgyblon, onyt eu gwattwar, a dywedut geireu tremygedic yn eu[2] kyueir, ac ymchoelut adref. Ac ual y bydynt velly, nachaf wreic Boya yn kyuaruot ac wynt, ac yn dywedut,[3] ' Yn bugelyd ni[4] a dywedassant ymi[5] ry varw yn holl ysgrybyl ni,[6] nyt amgen, an gwarthec, an ychen, an greoed, an deueit, ac eu bot oll yn veirw ac eu[7] llygeit yn agoret.'

Ac yna kwynaw[8] ac udaw a griduan a oruc Boya a'e wreic a'e dylwyth, a dywedut : ' Y sant,' heb wy,[9] ' y buam ni yn y wattwaru a wnaeth hynn.' Sef y kawssant wy yn eu[10] kyngor, gwediaw y sant a cheissyaw y vod ef a'e dylwyth. Ac yna y rodes Boya yn dragywydawl Hodnant[11] y Dewi, ac ymchoelut adref a oruc Boya a'e dylwyth y gyt ac ef. A phan doethant adref, wynt a gawssant eu haniueilyeit yn vyw ac yn iach.

Ac yna y dywawt gwreic Boya wrth y llawvorynyon : ' Ewch,' heb hi, ' hyt yr auon yssyd geyr llaw y sant, a diosglwch[12] awch dillat, ac yn noeth dywedwch wrthunt geireu anniweir kewilydyus.'[13] Holl disgyblon Dewi a vu anawd ganthunt diodef y kewilyd[14] hwnnw, ac a dywedassant wrth Dewi : ' Ffown[15] odyma ymeith,' heb wy,[16] ' ny allwn ni diodef hynn, nac edrych ar y gwraged drwc.'[17] Ac yna y dywawt y sant, ' Ponyt gwell ynni[18] peri udunt wy adaw y lle hwnn ynni ? ' Ac yna Dewi a'e disgyblon a dyrwestassant y nos honno[19] hyt trannoeth.

[1]+ ynybyt A.
[2]y A.
[3]+wrthunt Ch, D. + urthynt C.36.
[4]A, Ch, D, C.36. + heb hi B.
[5]A, Ch. − B.
[6]—Ch, D, P.225, C.36.
[7]ac eu] ae Ch, D. ai C.36.
[8]kwynnvan A. kwnaw Ch.
[9]heb wy] hoyw A.
[10]y A.

[11]yn dragywydawl Hodnant] hodnant yn dragwydawl D.
[12]diosgwch Ch, D.
[13]kyweilydus D.
[14]kyweilyd D.
[15]A, Ch, D. + ni B.
[16]wynt Ch, D.
[17]A, Ch, D.+racko B.
[18]A, Ch, D.+heb ef B.
[19]y nos honno]—D.

Trannoeth y dywawt gwreic Boya wrth y llysuerch : ' Tydi
uorwyn,' heb hi, ' kyuot, ac awn yn dwy y Lynn Alun y
geissyaw kneu.' Heb y vorwyn wrth y llysuam : ' Parawt wyf
i,' heb hi,[1] ' y uynet.' A cherdet a wnaethant hyt yng
gwaelawt y glynn. A phan doethant yno, eisted a oruc y
llysuam, a dywedut wrth y llysuerch, ' Dyro dy benn y'm
harffet, a mi a'e dihaedaf.'[2] Sef a oruc y uorwyn da,[3] diweir,
war, gymenn,[4] rodi y phenn yn arffet y llysuam. Sef a oruc
hitheu, tynnu kyllell a llad penn y uorwyn[5] santes. Ac yn y
gyueir y dygwydawd[6] y gwaet[7] y'r llawr, yd ymdangosses
ffynnawn. A llawer o dynyon a gawsant[8] iechyt a gwaret yno.
A hyt hediw y gelwir y ffynnawn honno Ffynnawn Dunawt,
kanys Dunawt oed enw y vorwyn.

Yna [66] y ffoes y llysuam drwc, ac ny wybu neb o'r byt
hwnn pa angeu a'e duc. A Boya yna a dechreuawd drycyr-
uerthu,[9] a Dewi a'e disgyblon a lawenhaassant. Yna y
medylyawd Boya lad Dewi a'e disgyblon. Ac eissyoes, sef y
damchweinyawd y bore drannoeth dyuot y elyn hyt y twr yd[10]
oed Boya yndaw yn kysgu, gwedy kaffel y pyrth yn agoret, a
llad penn Boya yn y wely. Ac yn diannot y doeth tan o'r nef,
a llosgi yr holl adeilyadeu hyt y llawr. Gwybydet bawp ry lad
o'r Arglwyd Duw Boya a Satrapa y wreic o achaws[11] Dewi.[12]

[CODI FFYNHONNAU]

Odyna yd adeilyawd Dewi vanachlawc[13] yng Glynn
Hodnant. Ac nyt oed yno dim dwfyr, onyt ychydic o dwfyr

[1]heb hi]—Ch, D.
[2]a mi a'e dihaedaf] + heb hi Ch,
D. mi adihaedaf di benn A, P.15.
[3]—D.
[4]war gymenn A. war gymhen D.
war Ch.—B.
[5]A, Ch.+da B.
[6]A, Ch, D. syrthyawd B.
[7]A, Ch, D.+hi B.
[8]gauas A.

[9]drycyruerthu] dryc aruerthu
B, Ch. drycgyruerthu D. dryc-
yrveythu P.225. dryc aruaethu
A.
[10]A, Ch, D. yr B.
[11]achos Ch.
[12]Boya a Satrapa y wreic o
achaws Dewi] o achaws dewi.
boya a satrapa ywreic A.
[13]—yr holl lsgrau.

redegawc.[1] Ac yna y gwediawd Dewi ar yr Arglwyd, ac yn diannot y kyuodes ffynnawn eglur. Ac yn oes Dewi y bu y ffynnawn honno yn llawn o win, ual na bu arnaw[2] yn y oes ef[3] eisseu gwin da. Llyna rod deilwng y gan Duw y'r ryw wr hwnnw.

Yn ol hynny, Gweslan[4] Escob, brawt ffyd y Dewi, a disgybyl y Dewi[5] a elwit Eliud, yll deu a[6] dyrwestassant y geissyaw y gan Duw ffynhonneu o dwfyr croew[7]; kan nyt oed dim yn y dinas o dwfyr, ac[8] rac sychet yr amser. Ac yna y kawssant y gan Duw dwy ffynnawn, ac a elwir hyt hediw, Ffynnawn Gweslan[9] a Ffynnawn Eliud. A'r crupleit, a'r deillyon, a'r cleifyon a geffynt waret yn y dwy ffynnawn hynny.

[Y Brad yn erbyn Dewi]

Ac ymysc hynny, yr[10] oed Aedan Sant yn y eglwys ehun yn Dinas Gwernin[11] yn gwediaw, nyt amgen, nos Basc,[12] nachaf angel yr Arglwyd yn dyuot attaw, ac yn dywedut wrthaw : ' Tydi, wr da gwynuydedic, pony wdost di,' heb ef, ' yr hynn yd ydys[13] yn y darparu y Dauyd Sant, dy athro di, yng Glynn Rosin ? ' ' Na wnn, dioer,' heb yr Aedan. Heb yr angel, ' Neur deryw y tri o'e dylwyth o'r vanachlawc gwneuthur y vrat, nyt amgen, dodi gwenwyn y mywn bara, a'r bara hwnnw a rodir idaw ef avory o'e vwyta. Wrth hynny, anuon gennat hyt att dy athro, ac arch idaw ymoglyt y bara a'r gwenwyn yndaw.' Sef a oruc y sant, tristau ac wylaw. ' Arglwyd,' heb

---

[1]dim dwfyr, onyt ychydic o dwfyr redegawc] dim dwfyr. onnyt chydic onny dwfyr redegawc A. dim dwfyr redegawc B. dim dwfyr onyt ychydic odyfyr rygedawc Ch.
[2]A, Ch.+ef B.
[3]A, Ch. − B.
[4]A. gwelsan B.
[5]a disgybyl y Dewi] ac arall B (' c arall ' yn estyniad ar derfyn llinell, ac 'a' o flaen 'elwit', sy'n

digwydd ar ddechrau'r llinell ddilynol).
[6]A, Ch. y B.
[7]crew B.
[8]a A, P. 225.
[9]Ch, P.225, C.36. gwestlan A. gwelstan B.
[10]yd Ch, C.36.
[11]gwerwin Ch.
[12]+ehun Ch, P.225.
[13]yd ydys] yd ys A. yr ydys Ch.

ef, ' pa delw yd[1] anuonaf i gennat yno ? Mor vyr yw yr oet,
ac yma[2] nyt oes long yn barawt ual y galler y chaffel[3].'
'Anuon,'[4] heb yr angel, 'dy gytdisgybyl, nyt amgen,
Scuthyn, hyt y traeth, a mi a baraf idaw vynet drwod.' Sef a
oruc Scuthyn yn llawen, gwneuthur[5] yr[6] oedit yn y erchi
idaw, a dyuot y tu a'r[7] traeth, a cherdet yn y dwfyr racdaw,
yny doeth y dwfyr idaw hyt y linyeu. Ac yn deissyfyt, llyma
anghenuil o'r mor yn y gymryt ar y gevyn, ac yn mynet ac ef
drwod, yny vv[8] ar y tir arall. Ac erbyn hanner dyd duw Pasc
yr[9] oed ef gyt[10] a'e athro.

Ac ual yr[11] oed Dewi yn dyuot o'r eglwys gwedy offerenneu,
a gwedy pregethu y[12] holl vrodyr, nachaf y gwelei ef y gennat
yn kyfaruot ac ef yn y lle a elwir Bed Yscolan. Sef a oruc
Dewi yna, bot yn llawen wrthaw a mynet dwylaw mynwgyl
idaw, ac amovyn ac ef am answad Aedan[13] Sant, y disgybyl;
a mawr y karei Dewi y disgybyl.[14] A gwedy daruot y'r gennat
menegi idaw ef o gwbyl answad Aedan[15] y disgybyl, galw a
oruc Scuthyn Dewi attaw ar neilltu, a datkanu idaw y gennad-
wri, a megys a'r mod[16] y dywedassei yr angel wrth Aedan[17]
Sant. Sef a oruc Dewi yna, kynhewi,[18] a medylyaw, a
dywedut[19] diolwch mawr y Duw, a dyuot racdaw y'r uan-
achlawc.[20]

A gwedy eisted o[21] bawp yn y mod y dylyynt, gwedy

---

[1]yr A.
[2]Mor vyr yw yr oet, ac yma] mor
vyrr yroet ac ymae A. mor vyr
yw yr oet. Ac B. mor vyrr yw
yr oet. ac emae Ch.
[3]chael C.36.
[4]+di Ch.
[5]A, Ch, P.225. + yr hynn B.
[6]yd Ch.
[7]y tu a'r] parth ar Ch, P.225.
[8]A, Ch, P.225. yttoed B. doeth
C.36.
[9]yd Ch.
[10]ygyt A.

[11]yd Ch.
[12]yr A. ydy C.36.
[13]maydawc A.
[14]a mawr y karei Dewi y disgybyl]
—Ch, P.225.
[15]Ch, P.225. maydawc A.—B.
[16]a megys a'r mod] Amegys|
Amegys armod A. a mygys ar
mod Ch. ar mod B.
[17]vaydawc A.
[18]tewi Ch.
[19]a dywedut] athalw Ch.
[20]vanachloc A.
[21]eisted o] eiste A.

daruot[1] y gras, kyuodi a oruc y diagon[2] a wassanaethei ar
Dauyd y wassanaethu, a'r bara gwenwynic ganthaw. Sef a
oruc Scuthyn yna, kyuodi y vyny a dywedut : ' Tydi,' heb ef,
' ny wassaneythy di hediw ; [67] myui,' heb yr Scuthyn, ' a
vyd gwassanaethwr hediw.'   Sef a oruc hwnnw, mynet y
eisted a synnyaw arnaw yn uawr ; ef a wydyat kared a oed yn
y uedwl.

Ac yna y kymerth Dewi y bara gwenwynic a'e rannu yn
teir rann, a rodi un y ast a oed yn sefyll allan odieithyr y[3]
drws. A'r awr y llewes[4] yr ast y bara, y bu allmarw, ac y
syrthyawd y blew oll yn[5] enkyt y trewit[6] yr amrant ar y
llall, a thorri y croen y amdanei, a syrthyaw y holl berued y'r
llawr. Sef a oruc yr holl vrodyr pan welsant hynny, synnyaw
yn vawr arnunt.[7] Ac yna[8] yd[9] anuones Dewi yr eil rann o'r
bara y vran a oed yn gorwed ar y nyth y mywn onnen y rwng[10] y
ffreutyr a'r[11] auon a oed y tu a'r deheu. A'r[12] awr y kymerth
hi[13] y bara yn y gyluin, hi a syrthyawd o'r[14] prenn yn uarw
y'r llawr. Y dryded rann o'r bara[15] a gymerth Dewi ehun,[16]
ac a'e bendigawd, ac a'e bwytaawd. Sef a wnaeth yr holl
vrodyr, edrych arnaw a ryuedu yn uawr, ac ouynhau yn
ormod am Dewi.

Ac yna y menegis Dewi y damchwein y'r holl vrodyr,[17] bot
y twyllwyr yn keissyaw y wenwynaw.[18] Ac yna y rodes yr holl
vrodyr eu hemelltith ar y[19] gwyr hynny, ac y gyt a hynny,

[1]A, Ch, P. 225. dywedut B.
[2]+yrhwn awnna A.
[3]yr Ch.
[4]llewas A.
[5]A.—B, Ch.
[6]trawyt A.
[7]arnadunt C.
[8]—Ch.
[9]A, C, Ch. yr B.
[10]y rwng]—yr holl lsgrau.
[11]ac A.

[12]yr A.
[13]y vran Ch.
[14]o'r A, C, Ch. y ar y B.
[15]+gwenwnic Ch.
[16]—A, C.
[17]+nyt amgen Ch, P.225.
[18]bot y twyllwyr yn keissyaw y
   wenwynaw] mal ymynnassei
   ytwyllwr ywenwynaw A.
[19]ar y] A, C, Ch. yr B.

rodi gwedi ar[1] y Tat o'r nef, hyt[2] na cheffynt wy[3] yn dragywydawl gyfran o deyrnas gwlat[4] nef.

[SENEDD FREFI]

A gwedy kadarnhau ffyd a chret yn yr ynys honn, holl lauurwyr yr ynys honn[5] a doethant y gyt hyt yn dor Sened Vrefi. A'r esgyb, a'r athrawon, a'r offeiryeit, a'r brenhined, a'r tywyssogyon, a'r ieirll, a'r barwnyeit, a'r goreugwyr, a'r ysgwieryeit, a'r crefydwyr yn llwyr, a phawb heb allu rif arnadunt a ymgynnullassant y Sened Vrefi.

Ac amot a wnaethpwyt yn y gynnulleitua honno : pwy bynnac o'r Sened o'r seint a bregethei ual y clywei y niuer hwnnw yn gyffredin, gadv hwnnw[6] ohonunt yn bennadur ar seint Ynys Prydein. Ac yna[7] y dechreuawd y seint pregethu bob eilwers. Ac yna y dywawt vn dros y kyffredin : ' Y canuet dyn o'r gynnulleitua hon,' heb ef,[8] ' ny chlyw dim o'r bregeth : yr ywch[9] yn llauuryaw yn[10] ouer o gwbyl.' Yna y dywawt pawb[11] o'r seint wrth y gilyd, ' Nyt oes neb ohonam ni[12] a allo pregethu y'r niuer hwnn, a ni a'e[13] profassam bob eilwers, a ni a welwn nat oes ras y neb ohonam ni y bregethu y'r niuer hwnn. Edrychwch, a medylywch a wdawch chwi a oes neb mor deilwng ac y gallo pregethu y'r niuer hwnn yma.[14]

[GWAHODD DEWI I'R SENEDD]

Yna yd attebawd Pawlinus[15] Sant, a hen esgob[16] oed : ' Myui,' heb ef, ' a wnn was ieuangk, tec, aduwyn, ac angel yn

---

[1]rodi gwedi ar] rodi ar A. dodi ar C, Ch.
[2]vyth Ch, P.225.
[3]—Ch. hwy A.
[4]—A.
[5]yr ynys honn] yr ynys Ch. y deyrnas P.225.
[6]—A.
[7]yno C.
[8]o'r gynnulleitua hon heb ef A, C, Ch. heb ef or gynnulleitua

honn B.
[9]ytywch Ch.
[10]y Ch.
[11]pob vn A.
[12]ohonam ni] ohonom A. ohanam ni Ch.
[13]a Ch.
[14]y'r niuer hwnn yma] yrhwnn yniuer yma A.
[15]paulinus A.
[16]+sant Ch.

wastat yn gedymdeith idaw. A mi a atwen,[1] heb ef, ' y vot
ef yn gymmen ac yn diweir, ac yn karu Duw yn uawr, ac a
wnn[2] y car Duw ynteu, a'e vot yn gyfrannawc ar yr holl
uoesseu da. Myui,' heb ef, ' a wn[3] mae[4] mwyaf dyn a[5] rat
Duw arnaw yn yr ynys honn yw hwnnw, a Dauyd Sant y
gelwir. Yn gyntaf, ef a dysgawd llen a berthynei idaw y
dysgu ar y dechreu. A gwedy hynny, ef a dysgawd y gennyf
inneu yr Ysgruthyr Lan, ac a vu athro, ac yn Ruuein a
urdwyt yn archescob. A mi a weleis,' heb ef,[6] ' angel yn
dyuot attaw, ac yn galw arnaw, ac yn erchi idaw vynet y wlat
y gyfanhedu y lle a barchassei[7] Duw idaw yn teyrnas *Demetica*,
sef yw honno, Mynyw yn y deheu. Ewch a gelwch[8] hwnnw,
ef yssyd yn caru Duw yn[9] vawr, ac yn pregethu o[10] Grist, a
myui a wnn mae[11] idaw ef y rodes Duw y gras.'

Ac yna yd[12] anuones y seint gennadeu hyt yn Dinas Rubi, y
lle yd[12] oed Dauyd Sant, gwas[13] Duw, yn gwediaw ac yn
dysgu. A phan gigleu ef neges y kennadeu, llyma yr atteb [68]
a rodes ef[14], nyt amgen : ' Nyt af i,' heb ef, ' yno[15] ; ys gwell
gennyf wediaw Duw yma. Ewch chwi,' heb ef, ' yn tangneued
Duw a'e[16] garyat.' Ac[17] eilweith y seint a wahawdassant
Dewi Sant, ac ynteu a rodes yr vn atteb ac a rodassei gynt.[18]
A'r dryded[19] weith o gytuundeb yr holl seint, yd[20] anuonet
att Dewi yn gennadeu y deu sant bennaf a oed yno, nyt

[1]a atwen] Ae hadwen A. aat-
  waen C, Ch.
[2]ac a wnn A, C, Ch. a mi a wnn B.
[3]Myui heb ef a wn A, Ch. Myui
  awnn heb ef B, C.
[4]ymae A.
[5]—yr holl lsgrau.
[6]A mi a weleis heb ef] ami heb ef
  aweleis A.
[7]barthassei Ch. archassei P.225.
[8]+attawch A.
[9]—A.
[10]y A.

[11]ymae A.
[12]yr A.
[13]+y A.
[14]+udunt wy Ch.
[15]heb ef yno A, C, Ch. yno heb ef
  B.
[16]oe A.
[17]Ar A.
[18]ac a rodassei gynt] arodes gynt. |
  Arodes A. a rodassei gynt C, Ch.
[19]A'r dryded] tryded A.
[20]yr A.

amgen, Deinyoel a Dubricius. A'r nos honno, kynn[1] dyuot y
kennadeu att Dewi,[2] Dewi a dywawt wrth y disgyblon, 'Vy
meibyon i, gwybydwch chwi y daw kennadeu yma auory.
Ewch y byscotta y'r mor, a dygwch yma[3] dwfyr gloew o'r
ffynnawn.'

A'r kennadeu a doethant y dyd y dywawt Dewi wrthunt,
ac ynteu a barattoes udunt wy eu kinyaw. Disgyblon Dauyd
a rodassant ar y bwrd rac[4] bronn y seint pysgawt digoned a
dwfyr o'r ffynnawn, a'r dwfyr a[5] aeth yn win ar hynt. A
Dauyd a dywawt wrthunt, ' Bwytewch, vrodyr,[6] yn llawen.'
Ac yna y dywawt y deu sant wrthaw[7] : ' Ny chymerwn ni na
bwyt na diawt,' heb wy, ' onyt edewy ditheu dyuot y gyt a
ninneu y'r sened uawr enryued, y lle y mae llu ny ellir eu[8]
rifaw y'th aros. Wrth hynny,' heb wynt,[9] ' dabre y gyt a ni
yr Duw, ac yr bendith hynny o seint, ony mynny haedu eu[10]
hemelldith.' Heb y[11] Dewi yna : ' Mi a af,' heb ef, ' yr caryat
Duw att y kedymdeithyon[12] hynny. Eissyoes,' heb ef, ' yr
hynn[13] a erchwch chwi[14] y mi, nys gallaf.[15] Myui,' heb ef, ' a
gerdaf y gyt a chwi hyt y Sened, a chwitheu, gwediwch y Tat
pennaf, yny rodo ef ganhorthwy ynni druein, a minneu a'ch
gwediaf chwitheu, vrodyr, yny gymeroch[16] chwitheu vwyt a
diawt o'r alussen a'r gardawt a rodet ynni o'r nef.

[Cyfodi Mab y Weddw]

A gwedy hynny, kyuot a oruc Dewi y gyt a'r kennadeu y
Sened Vrefi. A chynn eu[17] dyuot y'r gynnulleitua honno,[18]

[1] honno kynn] honno A, B. kynn
  C, C.36. kyn no Ch. cyn P.225.
[2] C, Ch.+a A, B.
[3] +heb ef A.
[4] ger A.
[5] —A.
[6] A, C, Ch.+a gwnewch B.
[7] +ef C, C.36.
[8] y A.
[9] heb wynt] heb yr hwynt A.

[10] y A.
[11] —A.
[12] ketymeithonn A.
[13] yrhwnn A.
[14] —A.
[15] +i A.
[16] gymerwch Ch.
[17] y A.
[18] —Ch, C.36.

nachaf y gwelynt yn dyuot yn eu[1] herbyn gwreic wedw[2]
wedy marw y hun mab, a'r wreic yn gweidi ac yn disgyryaw.
A phan weles[3] Dewi y wreic yn y drycyruerth[4] hwnnw,
kyssefyll a oruc, a gollwng y kennadeu o'r blaen. Sef a oruc y
wreic druan, a glywssei[5] glot Dewi, syrthyaw ar dal y deulin,
a menegi idaw bot y hun mab yn uarw. Sef a wnaeth Dewi
yna, trugarhau wrthi,[6] a throssi y gyt a hi y'r lle yr oed y
mab yn uarw yn ymyl auon a elwit Teiui, a dyuot y'r ty lle
yr[7] oed gorff y mab. A syrthyaw a oruc Dewi ar y corff, a
dodi y eneu vrth eneu y mab,[8] a gwediaw yr Arglwyd a
dywedut, ' Vy Arglwyd[9] Duw i, ti a disgynneist o arffet y
Tat o nef y'r byt hwnn o'n achaws ni bechaduryeit, yr an
prynu ni[10] o safyn yr hen elyn, trugarhaa, Arglwyd, wrth y
wreic wedw honn,[11] a dyro idi[12] yn vyw y hun mab[13] yn y
eneit drachevyn, ual y mawrhaer dy enw di yn yr holl daear.'

A phan daruu y Dewi y wedi, kyuodi yn holl iach a oruc[14] y
mab, megys petuei[15] yn kyuodi o gysgu, a Dewi herwyd[16] y
law deheu yn y gyuodi ac yn y roi[17] yn holl iach y[18] uam.
Sef a oruc y mab o'r lle y kyuodet ef[19] o veirw, kanlyn Dewi o
vedwl a gweithret. Ac ef a vu drwy lawer o vlwynyded y gyt a
Dewi yn gwassanaethu Duw. A phawb o'r a welsant hynny a
volyassant Duw.

[1]y A.
[2]A.—B, Ch.
[3]welas A.
[4]dryyruerth A.
[5]glwyssei Ch.
[6]wrthti Ch.
[7]yd Ch.
[8]A syrthyaw . . . y mab] A.—B,
   Ch, P.225, H.10.
[9]Vy Arglwyd A, Ch. varglwyd B.
[10]yr an prynu ni] yanprynu ni A.
   on prynu Ch. i yn prynu C.36.

[11]+yman A.
[12]Ch, P.225, C.36.—A, B.
[13]yn vyw y hun mab] yn yhun
   mab A.
[14]wnaeth Ch, P.225.
[15]megys petuei] mal pet uei Ch.
   mal bei atuei A.
[16]erbyn A.
[17]ac yn y roi] ac yny rodi Ch.
   aerodi A.
[18]idy Ch.
[19]A.—B, Ch.

[DEWI YN Y SENEDD]

Odyna y kerdawd Dauyd[1] y gyt a chennadeu y seint hyt y lle[2] yr oedynt[3] yn y aros. A phan doeth Dauyd[1] yno, y kyuodes yr holl seint yn y erbyn pan y gwelsant[4] ef yn dyuot. A chyfarch gwell idaw, a syrthyaw ar dal eu[5] glinyeu, ac erchi idaw bregethu gan dyrchafel ohonaw y benn brynn uchel, y lle y buassei bregeth kynn no hynny. Ac esgussaw a oruc[6] ef ar dalym[7] o amser[8] wrthunt,[9] a dywedut na beidyei[10] ac na allei wneuthur yr hynn[11] yd oedynt wy yn y erchi idaw.

Eissyoes ef a gymerth bendith y kyffredin, ac a vfudhaawd udunt. A gwrthot a oruc ef ysgyn[69]nu y benn y brynn, a dywedut na mynnei ef le y sefyll onyt ar y llawr gwastat. A dechreu pregethu odyno a oruc Dewi o gyfreith Grist a'r Euengyl, a hynny megys llef corn eglur, ac yn amlwc hynny y bop dyn, y'r pellaf yn gyn egluret ac y'r nessaf, ac yn gynn[12] gyffredinet ac y bydei yr heul y bawp pan vei hanner dyd. A hynny a vu[13] ryued gan bawb.

A phan yttoed[14] Dewi ar warthaf y llawr gwastat a dywet-pwyt[15] uchot yn pregethu, y kyuodes y llawr hwnnw megys mynyd uchel dan y draet ef,[16] a phawb o'r gynnulleitua honno yn edrych ar hynny, yr hwnn yssyd etto yn vrynn uchel yn amlwc gan bawp, ac yn wastattir o bop parth idaw. A'r gwyrth a'r ryuedawt hwnnw a oruc[17] Duw yr Dewi yn Llann-dewivrefi.

---

[1]dewi Ch.
[2]y lle] ysened A.
[3]oedit A.
[4]pan y gwelsant] pann welsant A.
[5]y A.
[6]wnaeth Ch, P.225.
[7]daly B.
[8]enkyt A.
[9]+wy Ch.

[10]bedei ef A.
[11]yr hynn]ypeth A.
[12]A, C, Ch.—B.
[13]vyw Ch.
[14]oed A.
[15]dywedwyt A.
[16]—A, C.
[17]wnaeth Ch, P.225.

[Dewi yn Ben ar Saint Ynys Prydain]

Ac yna yn gyttuun y ryngthunt ehunein, moli Dewi Sant a
orugant,[1] ac adef yn gyfun[2] y uot ef yn tywyssawc ar seint
Ynys Brydein, gan dywedut ual hynn : 'Megys y rodes Duw
bennadur yn y mor ar bop kenedyl o'r pysgawt, a megys y
rodes Duw bennadur yn y daear ar yr adar, velly y rodes ef
Dewi yn bennadur ar y dynyon yn y byt hwnn. Ac yn y mod
y rodes Duw Matheus[3] yn Iudea, a Lucas yn Alexandria, a
Christ yng Kaerussalem, a Phedyr yn Ruuein, a Martin yn
Ffreingk, a Sampson yn Llydaw, y rodes y Dauyd Sant uot yn
Ynys Prydein.'

Ac wrth hynny y gwnaethpwyt Dewi Sant yn bennadur ac
yn tywyssawc[4] ar seint Ynys Prydein, am bregethu ohonaw[5]
yn y Sened uawr honno y'r holl bobyl, yn yr honn ny allawd
neb pregethu namyn efo.[6] A'r dyd hwnnw, holl seint yr ynys
honn a'r brenhined oll a ostyngassant ar eu glinyeu y adoli y
Dewi,· ac a[7] rodassant idaw vot yn[8] bennaf ar[9] seint Ynys
Prydein. Ac ef a'e haedawd.

[Y Noddfâu]

A'r dyd hwnnw y rodet y Dewi y noduaeu, ac amdiffyn y
bob kyfryw dyn o'r a wnelei[10] drwc ac[11] a ffoei y nawd-dir[12]
Dewi. Honn yw nodua Dewi y bawp o'r a vo yn Dinas Rubi yn
nawd Dewi, ac y dan[13] y amdiffyn : or[14] byd reit idaw, kennat
yw idaw vynet o Dyui hyt ar Deivi, ac or byd reit idaw vynet
a vo mwy,[15] aet yn ragor rac pob sant a brenhin a dyn yn[16] yr

[1]wnaethant Ch, P.225.
[2]duhun A.
[3]matheu A.
[4]yn bennadur ac yn tywyssawc]
    yntywyssawc ac yn pennadur A.
[5]ohanaw Ch.
[6]ef A.
[7]y Ch.
[8]y Ch.

[9]o C, Ch.
[10]nelei B.
[11]or A, C.
[12]noddir C.
[13]adan A.
[14]o A.
[15]moe A.
[16]—Ch.

ynys honn. Nodua Dewi yw pa le bynnac y bo tir kyssegredic y Dewi Sant, ac na lauasso na brenhin na thywyssawc nac escob na sant rodi nawd idaw ymblaen Dewi, kanys efo[1] a gafas nawd[2] ymblaen pawb, ac nys kafas neb yn y vlaen ef, kanys ef[3] a ossodes Duw a dynyon yn bennaf o'r holl ynys.

Ac yna[4] yd[5] ysgymmunawd hynny o seint, o duundeb y brenhined, y neb a dorrei nodua Dewi Sant.

[RHYBUDD YR ANGEL]

Ac odyna, val yd[6] oed Dewi duw Mawrth diwethaf o vis Chwefrawr yn gwarandaw ar y ysgolheigyon yn gwassan-aethu Duw, nachaf y clywei angel yn ymdidan ac ef, ac yn dywedut wrthaw ual hynn : ' Dauyd,' heb[7] yr angel, ' y peth[8] a geissyeist yr ys talym y gan dy Arglwyd Duw, y mae yn barawt ytt pan y mynnych.' Sef a oruc ynteu yna, dyrchafel y wyneb y vyny,[9] a llawenhau, a dywedut ual hynn, ' Yr awr honn, Arglwyd, kymmer dy was[10] y'th dangnefed.' Sef a oruc yr ysgolheigyon a oed yn gwarandaw y deu ymadrawd hynn,[11] synnyaw arnunt yn vawr, a syrthyaw[12] megys dynyon meirw.

Ac yn yng ar hynny, nachaf y clywynt lef didan ac arogleu teckaf[13] yn llenwi[14] y dinas. Sef a oruc Dauyd yr eilweith, dywedut yn uchel[15] : ' Arglwyd Iessu Grist,' heb ef, ' kymer vy eneit,[16] ac na at vi y drigyaw a vo hwy[17] yn y drygeu hynn.' Ac yn ol hynny, wynt a glywynt eilweith[18] yr angel yn dywedut wrth [70] Dewi, ' Dauyd Sant, ymbaratoa, y dyd

[1]ef A.

[2]—C, C.36.

[3]A, C, Ch. efo B.

[4]A, C, Ch.—B.

[5]yr A.

[6]A, C, Ch. yr B.

[7]A, C, Ch. medei B.

[8]y peth A, C, Ch. yr hynn B.

[9]vynyd A.

[10]kymmer dy was] kymer dywas di A. Kymer di dy was Ch.

[11]hynny C, C.36.

[12]A, C, Ch. thristau B.

[13]A, C, Ch.+or byt B.

[14]llewni A.

[15]yr eilweith dywedut yn uchel] dywedut yr eilweith yn uchel C, C.36.

[16]yspryt C, C.36.

[17]y drigyaw a vo hwy] a vo hwy y drigyaw Ch, P.225, H.10.

[18]glywynt eilweith] glyw yr eilweith C, C.36.

kyntaf o Vawrth ef a daw dy Arglwyd di; Iessu Grist, a naw
rad nef y gyt ac ef, a decuet y daear, y'th erbyn di,[1] ac a
eilw[2] y gyt a thi o'r rei a vynnych di, o ysgolheyc a lleyc, a[3]
gwirion a phechadur, ieuangk a hen, mab a merch, gwr a
gwreic, croessan[4] a phuttein, Idew a Sarassin, a hynny a daw
y gyt a thi.'[5]

A'r brodyr, kymeint un,[6] pan glywsant hynny, drwy wylaw
a chwynaw, ac udaw ac ucheneidyaw, a dyrchafassant eu llef
ac a dywedassant, ' Arglwyd Dewi Sant,[7] kanhorthwya yn
tristit ni.'[8]   Ac yna y dywawt Dewi wrthunt wy, gan eu
didanu a'e llawenhau, ' Vy mrodyr, bydwch wastat ac vn
uedwl, a pha beth bynnac a welsawch ac a glywsawch y
gennyf i,[9] ketwch ef a gorffennwch beth[10] mwy.'   O'r dyd
hwnnw hyt yr wythuet dyd,[11] nyt aeth Dewi o'r[12] eglwys o
bregethu[13] a gwediaw.

Y chwedyl, eissyoes, yn oet vn dyd, a aeth drwy[14] yr holl
ynys honn ac[15] Iwerdon gan yr angel. Sef ual y dywedei yr
angel, ' Gwybydwch chwi pan yw[16] yn yr wythnos nessaf
yssyd yn dyuot yd a Dewi Sant, awch arglwyd chwi, o'r byt
hwnn yma att y Arglwyd.'[17]   Yna y gwelit[18] kyfredec[19] gan
seint yr ynys honn a seint Iwerdon, o bop parth yn dyuot y
ymwelet a Dewi Sant.   O ! bwy yna a allei diodef wylouein y
seint, neu ucheneidyeu y meudwyot,[20] neu yr[21] offeiryeit, a'r
disgyblon yn dywedut, ' Pwy a'n dysc ni ? '   Kwyn y person-

[1]—A, C.
[2]ac a eilw] Ac ael aeilw A.
[3]—A.
[4]cressan B.
[5]thydi Ch.
[6]kymeint un] kymein hun A.
   kymeint yr vn Ch, P.225.
[7]+heb wy Ch.
[8]—A, C.
[9]y gennyf i] gennyfi A.
[10]+a vo C, C.36.
[11]—A.

[12]o Ch.
[13]+ybawp A.
[14]drw Ch.
[15]A, C, Ch. + y B.
[16]A, C, Ch. mae B.
[17]y Arglwyd A, Ch. yr arglwyd or
   nef B. yr arglwyd duw C. yr
   arglvyd duv C.36.
[18]gwelut ti A.
[19]ymgyfredec C, Ch.
[20]meudweit Ch.
[21]neu yr] neur A.

yeit yn dywedut, ' Pwy a'n kanhorthwya ni ? ' Anobeith y
brenhined yn dywedut, ' Pwy a'n hurda ni, pwy a vyd tat
kyn drugarocket a Dewi, pwy a wedia drossom ni ar yn
Harglwyd ? ' Kwynuan y tlodyon a'r cleifyon yn udaw.
Y myneich, a'r gwerydon, a'r rei priawt, a'r penytwyr, y
gweissyon ieueingk a'r morynyon, y meibyon a'r merchet, a'r
rei newyd eni ar eu bronneu yn gollwng eu dagreu. Beth a
draethaf i, onyt[1] un kwyn[2] gan bawp: y brenhined yn kwynaw
eu brawt, yr hyneif yn kwynaw eu mab, y meibyon yn kwynaw
eu[3] tat.

[NEGES OLAF DEWI]

Duw Sul y kanawd Dewi offeren, ac y pregethawd y'r
bobyl. A'e gyfryw kyn noc ef ny chlywspwyt,[4] a gwedy ef
byth ny chlywir.[5] Nys gweles[6] dyn[7] eiryoet y sawl dynyon
yn un lle.[8] A gwedy daruot y bregeth a'r[9] offeren, y rodes
Dewi yn gyffredin y vendith[10] y bawp o'r a oed yna.[11] A gwedy
daruot idaw rodi y venndith y bawp,[12] y dywawt yr ym-
adrawd hwnn, ' Arglwydi, vrodyr a chwioryd, bydwch lawen a
chedwch awch ffyd a'ch cret,[13] a gwnewch y petheu bychein a
glywsawch ac a welsawch y gennyf i.[14] A minneu a gerdaf y
fford yd aeth[15] yn tadeu ni[16] idi, ac yn iach ywch,'[17] heb y
Dewi. ' A phoet grymmus[18] ywch vot ar y daear, a[19] byth
bellach nyt ymwelwn ni.'[20]

[1] +yr C, Ch.
[2] +oed Ch.
[3] y A.
[4] ny chlywspwyt] nys clywys-
   bwyt A.
[5] byth ny chlywir A, C, Ch
   (clywyr Ch), ny chlywir vyth B.
[6] gwelas A, Ch.
[7] dynyon C, C.36. llygat A.
[8] +a oed yno Ch.
[9] ac A.
[10] yn gyffredin y vendith A, C, Ch.
   y uendith yn gyffredin B.

[11] A, C, Ch. yno B.
[12] A gwedy . . . y bawp A, C, Ch.
   —B.
[13] ach cret C, Ch. achret A. ach
   crefyd B.
[14] y gennyf i] gennyfi A.
[15] a A.
[16] —A.
[17] A, C, Ch. y chwi B.
[18] +vo Ch, P.225.
[19] ac C, Ch.
[20] +yny byt hwn Ch, P.225.

Yna y clywit gawr gyffredin yn kyuodi gan gwynuan[1] ac
wylouein a dagreu, ac yn dywedut, ' Och, na lwngk y daear
ni ! Och, na daw tan y'n[2] llosgi ni ! Och, na daw y mor dros
y tir ! Och, na syrth y mynyded ar yn gwarthaf[3] ni ! A
phawb haeach a[4] oed yna[5] yn mynet y angeu. O duw Sul
hyt duw Merchyr gwedy marw Dewi, ny lewssant[6] na bwyt na
diawt, namyn gwediaw drwy dristit.

[MARWOLAETH DEWI]

A nos Uawrth yngkylch canu y keilyawc, nachaf lu o
engylyon yn llenwi[7] y dinas, a phob ryw gerdeu a digrifwch
ym pob lle yn y dinas yn llawn. Ac yn yr awr vore,[8] nachaf yr
Arglwyd Iessu Grist yn dyuot, ac y gyt[9] ac ef naw rad nef,
megys y gadawssei[10] yn y uawrhydri,[11] a'r heul yn eglvr yn
egluraw[12] y'r holl luoed. A [71] hynny duw Mawrth, y dyd
kyntaf o galan Mawrth, y kymerth Iessu Grist eneit Dewi
Sant y gyt a mawr uudugolyaeth a llewenyd ac enryded.
Gwedy y newyn a'e sychet, a'e annwyt, a'e lauur,[13] a'e
dyrwest, a'e gardodeu, a'e vlinder, a'e drallawt, a'e brofed-
igaetheu, a'e uedwl am y byt, y kymerth yr engylyon y eneit
ef,[14] ac y dugant[15] y'r lle y mae[16] goleuni heb diwed, a gor-
ffowys heb lauur, a llewenyd heb dristyt, ac amled o bop ryw
da, a budugolyaeth, a chlaerder, a thegwch, y lle y mae
molyant rysswyr Crist, y lle[17] yd[18] ysgaelussir y kyuoethogyon
drwc, y lle[17] y mae iechyt heb dolur, a ieuengtit heb heneint, a
thangnefed heb anuundeb, a gogonyant heb orwacrwyd, a
cherdeu heb vlinder, a gobrwyeu heb diwed, y lle y mae Abel y

[1]gwyuan Ch.
[2]yan A.
[3]gwastat A, C.
[4]A, C, Ch. or a B.
[5]A, C, Ch. yno B.
[6]lawssant A.
[7]llewni A.
[8]A, C, Ch. voredyd B.
[9]ac y gyt] achyt A, C.

[13]y gadawssei] yr adawssei C, C.36.
[11]va|wrwrhydri A.
[12]yn egluraw]—Ch, P.225.
[13]lauuryei A.
[14]—A, C.
[15]y dugant] ae dygant Ch.
[16]y mae A, C, Ch. mae B.
[17]ylle A, C, C h. lle B.
[18]yr A.

gyt a'r merthyri, lle[1] y mae[2] Enoc y gyt a'r rei byw, lle[1] y
mae Noe y gyt a'r llongwyr, lle[3] y mae[4] Abraham y gyt[5] a'r
padrieirch,[6] lle[3] y mae[4] Melchisedech y gyt[7] a'r offeiryeit,[8]
lle[3] y mae[9] Iob y gyt[5] a'r rei da eu diodef, lle[3] y mae[9]
Moysen y gyt[10] a'r tywyssogyon, lle[3] y mae[9] Aaron y gyt[7] a'r
esgyb, lle y mae[11] Dauyd y gyt[10] a'r brenhined, lle y mae[9]
Ysaias y gyt[12] a'r proffwydi, lle y mae[9] Meir y gyt[12] a'r
gwerydon, lle y mae[9] Pedyr y gyt[10] a'r ebystyl,[13] lle y mae[14]
Pawl y gyt[10] a gwyr Groec, lle y mae[9] Thomas y gyt[10] a
gwyr yr India, lle y mae[9] Ieuan y gyt[10] a gwyr yr Asia, lle y
mae[15] Matheu[16] y gyt[10] a gwyr Iudea,[17] lle[18] y mae[15] Lucas y
gyt[10] a gwyr Achaia, lle y mae[9] Marcus y gyt[10] a gwyr
Alexandria, lle y mae[9] Andreas y gyt[10] a gwyr Sithia, lle y
mae[9] yr engylyon a'r archengylyon, a[19] cherubin a seraphin, a
Brenhin y brenhined yn yr oes oesoed. Amen.[19]

[DIWEDDGLO]

Ac ual y koffayssam ni Dewi yn y uuched ehun, a'e weithred-
oed ar[20] y daear yma, velly y bo kanhorthwywr ynteu, ac y
grymhao[21] y eiryawl[22] y ninneu geyr bronn y gwir Greawdyr,
ar gaffel trugared rac llaw.

---

[1]y lle C, Ch.
[2]y mae A, C, Ch. mae B.
[3]y lle Ch.
[4]y mae] mae C.
[5]y gyt] gyt C.
[6]pedrieirch A.
[7]y gyt] gyt A, C.
[8]offeireit A, Ch.
[9]y mae A, Ch. mae B, (C).
[10]y gyt] gyt (C), Ch.
[11]y mae A, C. mae B. y Ch.
[12]gyt A, C, Ch.

[13]ebestyl A.
[14]y mae A, C, Ch. mae B.
[15]y mae A. mae B, C, Ch.
[16]A, C, Ch. matheus B.
[17]yjudea A.
[18]ylle A.
[19]A, Ch.—B.
[20]yn A.
[21]grymoccao A.
[22]eirawl A. eiryol B (ac 'a' uwchben rhwng 'y' ac 'o').

NODIADAU

1   1   **treythir o.** Cyffredin mewn CC. yw cael *o* gyda berfau'n dynodi dywedyd, llefaru, traethu, etc., lle ceir bellach *am* : A chany pherthyn arnam ni *traethu o* weithredoed guyr Ruuein BD 54.30, pan *draetha o* Duv a'r Seint 102.14, O hynn allan y *traetha* Turpin *o* weithretoed Chyarlys yn yr Yspaen BBCS v. 220.15. Cf. *pregethu o* 14.13 isod.

talym. Bellach ' talm o amser ' (cf. *ar dalym o amser* 17.7, *yr ys talym* 19.12 isod), eithr yr oedd yr ystyr yn lletach gynt. Dynoda swm, darn neu gyfran yn gyffredinol : *talm o alaw* GDG 143.3, Aur *dalym* GO 177.17, *talym o uara gwynn* WM 394.15, a *thalym* or paladyr trwydaw td. 211.15, *talym* or llyfyr SG 75.31 ; yn adferfol : a chilyaw *dalym* y wrth y gwyr PKM 55.17. Anodd esbonio'i darddiad : ni all fod yn fenthyg o'r Wydd. *talam*, fel yr awgrymir yn CLlLl 20. Ni ddigwydd mewn Cern. na Llyd. Cf. LlC v.117.

2   **Dauyd.** Yn y Fuchedd Gymraeg ceir *Dauyd* a *Dauyd Sant* (5.22, 10.18), ond y ffurf a ddigwydd amlaf o ddigon yw *Dewi*. Yn y Llad. ceir *Dauid*, ond dywedir mai *Dewi* y gelwir ef gan y bobl gyffredin (*uulgus*, VSBG 150). *Dauid* (neu'r ffurf Wyddeleg arno) sy'n digwydd yn y Bucheddau Gwyddelig, a hefyd mewn bucheddau eraill lle mae cyfeiriadau at y Sant ; ond digwydd *Dewi* ddwywaith ym Muchedd Illtud (VSBG 208, 222), a cheir *Devvi* ym Muchedd Gildas gan Garadog o Lancarfan (*Gildas* ii. 400). Ym Muchedd Paul o Léon ceir *Devium*, sef *Dewi* mewn diwyg Ladin (RC v. 421). *Dewi* mewn amryfal ffurfiau arno a geir hefyd gan Asser, ac mewn calendrau cynnar yn perthyn i Wessex, gw. Rhagymadrodd xviii.

Benthyciad cynnar o'r Llad. *Dauid* yw *Dewi* (orgraff HG *Degui* ALKA 65, 66, LL 275 ; hefyd *Deugui* 276). Mae *Dafydd* yn fenthyciad diweddarach o'r un ffurf, gw. EL 37, LHEB 426-7.

uab. Ar y treiglad gw. TC 123.

Sant. Llad. *Sanctus*, enw a ddigwydd yn ddigon cyffredin fel enw personol. Ei fam, meddir, oedd Meleri, un o bum merch ar hugain Brychan. Yn rhai o destunau *Bonedd y Saint* gwneir Sant yn fab i ' Kedic m. Keredic,' gw. VSBG 319, 320.

Go brin ei fod yn gymeriad hanesyddol : nis enwir yn ach frenhinol Ceredigion (*Cymmr.* ix. 181), ac yn *Buez Santes Nonn* enwir Ceredig fel tad Dewi (RC viii, 236, 258-68).

Kuneda. Dyma'r Cunedda Wledig a ddaeth i lawr o Fanaw Gododdin yn y bumed ganrif i Gymru a goresgyn rhan helaeth o'r wlad, sef y rhan rhwng Dyfrdwy a Theifi. Ceir enwau ei deulu ar ranbarthau yn y diriogaeth yma ; er enghraifft *Ceredigion* (Ceredig), *Edeirnion* (Edern). Yn ôl *Bonedd y Saint* yr oedd nifer o'r saint yn disgyn ohono, a'r rhan fwyaf ohonynt drwy ei fab Ceredig, gw. VSBG 320.

Enwau ei hynafiaid agosaf yn ôl yr achau oedd Edern
(Eternus), Padarn (Paternus) a Thegid (Tacitus). Enwau
Rhufeinig yw'r rhain, a rhaid bod Cunedda yn perthyn i
deulu a ddaethai'n drwm dan ddylanwad y diwylliant
Rhufeinig. Mae'r epithet ' peisrud ' (mantell goch) a roir i
Padarn yn awgrymu ei fod yn swyddog go bwysig yn y
llywodraeth Rufeinig ym Mhrydain. Gw. HW i. 116-20,
BC 80.

3   **Deil, vab Gordeil** etc. Yn yr achau yn Harleian 3859
(*Cymmr*. ix. 170) ar ôl enw Padarn ceir ' map. Tacit. map.
Cein. map Guorcein, map doli. map Guordoli. map. δumn.
map. Gurᵈumn. map. Amguoloyt. map. Anguerit. (gw.
nod.) map. Oumun. map. δubun. map Brithguein. map.
Eugein. map. Aballac. map. Amalech. qui fuit. beli magni
filius. et anna mater eius. quam dicunt. esse. consobrina
MARIAE uirginis. matris. domini nostri ihesu christi.'
Gwahanol eto yw Llsgr. Coleg Iesu 20 (*Cymmr*. viii. 85).
Yno ar ôl Padarn ceir ' M. tegyth. M. Iago. M. genedawc.
M. Cein. M. Gorein. M. Doli. M. Gwrdoli. M. Dwfyn. M.
Gordofyn. M. Anuueret. M. eimet. M. Dibun. M. Prydein.
M. Ewein. M. Auallach. M. Amalech. M. Beli. M. Anna.'

4   **Omit.** LlA 105.4 *onut*, HGrC 102.21 *onuet*.

7   **Keredic Vrenhin a wledychawd.** Sylwer ar y drefn
goddrych + *a* + *berf*, un o ddulliau'r Frawddeg Annormal,
gw. GCC 119-20, CFG 104-9.

       Vrenhin. Fe'i treiglir am ei fod mewn cyfosodiad ar ôl
enw priod, gw. TC 122.

       ġwledychawd ' teyrnasodd.' Berf enwol o *gwlad*;
llunir y bôn drwy ychwanegu *-ych-* at yr enw; cf. *chwenychu*
(chwant), *pesychu* (pas), gw. WG 381, 383.

       blwynyded. Llu. *blwyddyn* ; yn ddiweddarach
blynydde(dd), gw. WG 205. Y ffurf gyntaf oedd *blwydyned*
BT 12.22 ; wedyn cafwyd *blwynyded* drwy drawsosodiad.

8   **Keredigyawn :** yn fras Sir Aberteifi, fel y mae heddiw,
gw. HW i. 257-60.

10   **dywedut :** defnyddio'r berfenw yn lle berf bendant,
cystrawen gyffredin iawn yn rhyddiaith y cyfnod canol ;
hefyd 2.6,19,20, 4. 18, 12.8, 17.4,5. Gw. GCC 108.

11   **ey, keffy.** Diweddai ffurf 2 un. y pres. myn. yn *-y*
(< *-ydd*). Erbyn cyfnod CD troesai'r *-y* yn *-i*, dan ddylanwad
yr *i* yn y rhagenw ategol *di* a'i dilynai'n bur fynych, gw.
GCC 77.

       hely ' hela,' gw. GCC 7.

       dyuot. Arno gw. G 425, PKM 153-4. Digwydd ffurfiau
eraill arno, megis *dyouot*, *douot*, a dynoda ' *a find, prize,
treasure trove*,' peth y bydd dyn yn taro'n ddamweiniol
arno. Yn y Llad. ceir *tria munera* ' tair rhodd.'

       Y tri dofod yw carw a gleisiad a haid o wenyn. Fel y
dywed y Parch. Wade-Evans (LSD 60-61), fe ymddengys

Td. *ll.*

fod cysylltiad rhyngddynt hwy a hawl ar dir. Ni ddywedir hynny yn y Fuchedd, eithr rhoddir gorchymyn i Sant roi'r hawl ar y tir ynghadw i Ddewi. Fel y dengys Mr. Wade-Evans, mae sôn yn *De Situ Brecheniauc* am bysgodyn, carw a gwenyn yn arwydd o feddiant. Dyna'n unig a geid ar dir anghyfannedd ; cynrychiolent werth y tir. Felly, yr oedd bod â hawl ar y pysgod, ac ar yr anifeiliaid a'r mêl arno yn arwydd o berchnogaeth.

Yn y drydedd gainc o'r Mabinogi dywedir am Fanawydan a'i gwmni, ' dechreu a wnaethant ymborth ar *kic hela*, a *physcawt*, a *bydaueu* ' (PKM 52.14-15). Bu raid gwneud hyn ar ôl iddynt orffen eu gwledd a'u darmerth, wedi dyfod yr hud dros Ddyfed a'i gwneuthur yn ddiffaith, *anghyfannedd*.

Mae esboniad y Llad. ar y dofod yn wahanol, gw. LSD 1-2.

11-12   **auon Deiui.** Ar y treiglad gw. TC 111-2.

13   **Henllan,** ar lan afon Teifi. Llad. *Linhenlanú* (am -*ann*).
      yr awr hon. Gwelsai'r Cymro *Linhenlann* yn y Llad. ; tebyg mai hynny a barodd iddo ychwanegu ' yr awr hon ' ar ôl *Henllan*, sef y ffurf ar yr enw a wyddai ef ac a oedd ar arfer yn ei ddydd. Hwyrach felly y dylid cymryd yr holl gymal fel glos neu nodyn eglurhaol. Yn y Llad. ni cheir ond ' *in loco qui uocatur Linhenlanú* ' (VSBG 150), ac fe ymddengys fod y geiriau yn rhan o neges yr angel.

14   **dylyet** ' hawl ' yma, gw. G 421. Am y ffurf gw. GCC 9, L & P 30 ; bellach *dyled*.
      bieivyd ' fydd piau,' gw. GCC 53.

15 ·   **deu le.** Dyrys iawn yw'r frawddeg hon. Ni cheir dim tebyg yn y Llad., ac ni bu o'r blaen gyfeiriad at ddau le. Hwyrach fod darn ar goll, eithr nid oes raid tybio hynny. Ni welaf fod ystyr mewn cyfeirio at ddau le, ac fe ymddengys i mi fod ' deu le ' y testun yn gynnyrch bwnglera gan ryw gopïwr neu'i gilydd. Hwyrach mai'r hyn a geid yn wreiddiol oedd *dylyet*. Fe roddai ' ef bieivyd dylyet hyt Dyd Brawt ' ystyr ddigon addas. Ond, beth am ' y rei a dywetpwyt uchot ' ? Fe allai mai nodyn ymyl y ddalen gyferbyn â *dylyet* oedd, yn cyfeirio at y tri dofod y soniwyd amdanynt eisoes. Rhaid mai glosau oedd *Linhenllan* a *Litonmaucan* yn wreiddiol hefyd ; fe'u gwnaed gan ryw Gymro ar ôl ymgynghori â thestun Lladin (gw. VSBG 150.15 *Linhenlanú*, 17-18 *ad Maucanni monasterium*). Wedyn corffori'r cyfan yn y testun, a gwneud *deu le* o *dylyet* er mwyn cysondeb ! Anodd.

16   **Litonmaucan.** Yn y Llad. dywedir fod y tri dofod i'w hanfon i'w rhoi ynghadw i'r mab ' *ad Maucanni monasterium*.' Rhaid taw cyfeirio at hwnnw y mae *Litonmaucan*. Y sant yw *Maucan*, sef Mawgan ; hefyd Meugan (gw. LHEB 440-1). Arno ef a'i gysylltiadau gw. LBS iii. 478-81, LSD 58-9, SCSW 87-91, HWW 209. Mae tystiolaeth i'w gwlt yng Nghernyw ac yn Llydaw, yn ogystal ag yng Nghymru.

Diau iddo fod yn bur weithgar yng Ngogledd Penfro, a
barnu oddi wrth y llannau, capeli, etc. sy'n dwyn ei enw yn
y rhan honno ; er enghraifft, Llanfeugan yng Nghemais.

Pur anodd yw'r elfen gyntaf, a hwyrach fod yr holl
ddryswch i'w briodoli i wall copïo cynnar. Fe all y drydedd
lythyren fod yn c, ond nid ymddengys y daw honno â ni
ronyn yn nes i'r golau. Fe ddylai'r ffurf ddynodi rhywbeth
tebyg i'r Llad. *monasterium.* Awgrymwyd *litu* (neu *litou* ?)
' llydw ' = ' llu, teulu,' gw. LSD 62. Yn LL 120 cawn *lytu
yrecluys* a *lytu teliau* am *populus* yn y Llad. (118) : felly 'pobl,
clas, teulu mynachlog,' ac yna ' mynachlog.' Ar *litu* gw.
Syr Ifor Williams, BBCS v. 6-7. Awgrym arall, a wnaeth-
pwyd gan y diweddar Athro J. Lloyd-Jones (*Y Llenor* ii.
195-6), yw y gellir derbyn y ffurf *liton* yma, ac iddi'r ystyr
' gwas, caeth,' yna ' clas,' ac yn olaf ' mynachlog.'

Awgryma Slover (td. 91) mai enw'r sant Gwyddelig
Mancan a geir yma, ac mai'r Wydd. *Liath Manchan* sydd
wrth wraidd y Gymraeg. Ond nid yw'r cynnig hwn, chwaith,
yn argyhoeddi.

2   1   **Odyna y doeth.** Dull arall ar y drefn annormal, sef
adferf + *y* + *berf* ; gw. GCC 119, CFG 109.

Padric. Nawddsant Iwerddon, a hanoedd o Orllewin
Prydain, mae'n bur debyg. Cawn yn yr hanes yma adlais
o wrthdaro rhwng cwlt Dewi a Phadrig yn Nyfed, gw.
Slover, 90.

Y farn draddodiadol am Badrig yw ddarfod ei anfon i
Iwerddon yn 432 gan y Pab Celestine yn olynydd i Palladius,
a fuasai farw y flwyddyn honno, ac a anfonesid yno yn 431.
Treuliodd weddill ei oes yn yr Ynys Werdd, lle y llafuriodd
yn arbennig yng ngogledd a gorllewin y wlad. Bu llwydd
mawr ar ei genhadaeth, ac erbyn ei farw yn 461, yr oedd y
wlad i gyd bron wedi ei hennill i'r Ffydd Gristnogol ; gw.
Bury LSP. Gwrthyd T. F. O'Rahilly yr esboniad hwn. Yn
ôl ei ddamcaniaeth ef yr oedd dau genhadwr enwog yn
Iwerddon yn y bumed ganrif. Y cyntaf oedd Palladius, a
aeth i Iwerddon yn 431, ac a fu yno hyd ei farw yn 461.
Enw arall arno oedd Patricius. Dilynwyd ef, yn 462 mae'n
.bur debyg, gan un arall o'r enw Patricius, sef y Brython.
Bu hwnnw farw yn 491 ; gw. TP. 2. Rhoes yr Athro James
Carney gryn sylw i'r pwnc astrus hwn, gw. SILH 324-73,
ac yn ddiweddarach *The Problem of St. Patrick* (Dublin,
1961), a thrafodwyd yr amrywiol ddamcaniaethau mewn
erthygl faith gan yr Athro D. A. Binchy yn *Studia Hibernica*
(Dublin, 1962) 7-173. Cyfeiria Carney at y cofnod am eni
Dewi yn Llsgr. B. o'r *Annales Cambriae* ' *anno tricessimo post
discessum Patricii de Menevia.*' Ei awgrym ef yw mai cy-
feiriad sydd yma at ymadawiad Padrig â'r fuchedd hon, sef
at ei farw, a bod *de Menevia* yn ychwanegiad diweddarach.
Ni chytuna hyn â'r traddodiad a gofnodir yma ym Muchedd
Dewi, eithr ni ddylid pwyso gormod ar hwnnw; fe all mai
diweddar yw. Os yw'n ddilys, fodd bynnag, ac os cywir y

dyb mai yn 457 y daeth Padrig i Iwerddon, rhaid bod Dewi
wedi ei eni cyn 490. Eithr cwbl ansicr yw hyn oll.

Am gasgliad hwylus o'r gwahanol ddamcaniaethau
ynglŷn â Phadrig, gw. *Saint Patrick* (Thomas Davis Lectures)
Dublin, 1958.

Glynn Rosin, Glyn Rhosyn, Llad. *Vallis Rosina.* Dyma'r
enw a ddefnyddia Rhigyfarch am Fynyw neu Dyddewi.
Dywed Gerallt Gymro, ' Glyn Rhosyn, ynteu, y gelwir y
man lle y saif eglwys Tyddewi - - -. Gellid, er hynny, ei alw
Glyn y Marmor yn hytrach na Glyn y Rhosyn neu Lyn
Rhosyn ; oherwydd y mae ynddo gyflawnder ddigon o
farmor, ond ychydig iawn o rosynnau' (GG 108). Fe ymdden-
gys, fodd bynnag, mai *rhos* '*moor*' sydd yma, gw. LSD 66-67.
Cf. hefyd Gwydd. *ross* '*wood, promontory,*' gw. *Y Genhinen,*
x. 242–3.

medylyawd ' bwriadodd, arfaethodd, cynlluniodd,' gyda
berfenw yn wrthrych. Cf. 9.17. isod, Yna y *medylyawd*
Boya lad Dewi a'e disgyblon ; hefyd BD 147.8, ac y
medylyassant eilweith vrthvynebu y Arthur.

3   **dywawt** ' dywedodd,' gw. GCC 83. Ceir hefyd *dywot* a
dywat.

4   **Sef a oruc Padric, llidiaw.** Cyffredin yng nghystrawen
CC yw cael *sef* + *a* + *goruc* neu *gwnaeth* a berfenw yn
dilyn. Fe ddigwydd y gystrawen droeon yn y testun hwn
(2.4, 3.3, 4.21, 5.14, 9.7,8, 10.24, 11.4-5, 13,20, 12.2-3, 5,13,19,
16.4,6,19, 19.13,15,19), gw. GCC 33. Ar *goruc* ' gwnaeth '
gw. GCC 87.

6   **ethol ohonaw.** Cyffredin mewn CC yw rhoi'r goddrych
ar ôl y berfenw dan reolaeth yr arddodiad *o*, fel yma ; gw.
GCC 109.

7   **hyt ympenn deng mlyned ar hugeint.** Cf. Buchedd
Carannog, lle dywedir ddarfod i'r sant hwnnw fynd i
Iwerddon ar ôl Padrig ddeng mlynedd ar hugain cyn geni
Dewi (VSBG 142), gw. SEBC 157-8.

9   **y ymadaw ehun** : *yndaw* neu *yndaw ehun* a geir yn y
llawysgrifau (gw. amrywiadau), eithr ni rydd hynny ystyr
addas. Yn y Llad. ceir *Parauitque fugere* ' Ac fe baratoes i
ffoi.' Dynoda *ehun* ' wrtho'i hun, *by himself* ' ; cf. isod 3.2
yn kerdet *ehun*, a gw. GCC 60.

9-10   **ac adaw y lle hwnnw y'r Arglwyd Grist.** Llad. *et
dominum suum Iesum Christum deserere* ' ac ymadael â'i
Arglwydd Iesu Grist.' Diau mai'r hyn a geid yn wreiddiol
yn y Gymraeg oedd ' ac adaw yr Arglwydd Grist,' eithr
diwygiwyd y testun o barch i enw da'r sant ! Ac yr oedd
cyfeiriadau eraill yn y testun at adaw lle i arall : *adaw*
di . . . y *lle* hwnn y vab 2.3, ac y *gedewis* Padric y Dewi y
lle hwnnw 2.18, a *gadaw* y'r mab hwnn yr *ynys* honn 4.7,
peri udunt wy *adaw* y *lle* hwnn ynni 8.24.

10   **eissyoes.** Nid yr un ystyr oedd iddo gynt â heddiw ; golygai
'ond, er hynny, fodd bynnag,' gw. GCC 142.

11   **o'e** ' i'w ', gw. GCC 34.

duhudaw, o *dyhudaw* ' cysuro, bodloni, *to pacify.*' Ar
y—u > u—u gw. GCC 2.

15   **Eistedua Badric.** Llad. *Sedes Patricii.* Nid oes un lle
yn Nhyddewi bellach yn dwyn yr enw hwn, ond ceir Porth
Padrig a Charn Badrig; gw. LSD 68-69, hefyd *Y Genhinen,*
x. 243.

ebostol. Yr ystyr yma yw ' apostol,' eithr fe ddigwydd
hefyd yn yr ystyr ' epistol, hanes, chwedl,' gw. G 433.
Mewn CC ceid y ffurfiau *ebostol, abostol* (< Llad. *apostolus*) ;
diweddarach yw *apostol,* gw. GPC 173, EL 32, 38. Y lluosog
yw *ebestyl, ebystyl,* 23.8 isod.

18   **llonydwyt** ' bodlonwyd.' Yr oedd yr ystyr gynt yn
wahanol i'r hyn yw bellach, gw. PKM 125-6.

19   **porthloed** ' porthladd.' Dyma'r hen ffurf ; cyfansawdd
yw o *porth* (< Llad. *portus,* gw. EL 45) a *lloedd.* Prin yw'r
enghreifftiau o'r olaf, gw. Syr Ifor Williams, CA 310-11 :
ceir Maes- y-*Llynlloedd,* Machynlleth, a hefyd Hen Lyd
' in *lin loed* ' gl. ar *in lacuna sordida* ChBr 93. Awgrymir yr
ystyr ' llonydd, tawel,' a chyda *llyn* ' budr ', sy'n estyniad
eithaf naturiol. Amheus yw ei gysylltiad â *Loidis,* yr hen
ffurf am Leeds a geir gan Bede, gw. LHEB 328.

20   **yr ys** ' ers,' gw. GCC 94, a'r Rhagymadrodd xli.

20-21   **pymtheng mlyned.** Llad. *xii annos* 'deuddeng mlynedd'.

21   **Cruchier.** Llad. *Criumther,* bai am *cruimther,* sef y gair
Gwyddeleg am offeiriad, gw. CIL 536. Mae *Cruchier* yn
sicr yn ffrwyth bwnglera gan y Cymro ac yn awgrymu na
wyddai Wyddeleg. Hawdd fyddai cymysgu rhwng *t* ac *c*
yn y llawysgrif : gellid colli 'r *m* drwy fethu adnabod yr
arwydd a'i dynodai uwchben y llafariad. Go brin mai enw
personol oedd yma 'n wreiddiol. Dywed Gerallt mai *Dunaudus*
(h.y. Dunawd) oedd ei enw (*Opera* iii. 381).

A mynet a oruc Padric. Am y gystrawen, gw. GCC 108.
Yn y Llad. dywedir i Badrig baratoi llong ' in *Portu Magno* '
(yn Porth Mawr) VSBG 151. Mae'r Porth Mawr (Whitesand
Bay) tua thair milltir i 'r gogledd-orllewin o 'r fan lle saif yr
Eglwys Gadeiriol ; oddi yno yr arferid hwylio am Iwerddon,
LSD 69-70.

3   2   **yn kerdet ehun** ' yn teithio wrtho'i hun.' Yr oedd
cerdded yn lletach ei ystyr gynt ; dynodai fynd neu symud
neu deithio yn gyffredinol, gw. G 134, GPC 465. Yn y Llad.
dywedir i Sant dan ddwyfol ysbrydoliaeth (*uirtus diuina*)
ddod at bobl Dyfed, ac yno cyfarfod â'r lleian ; VSBG 151,
LSD 3-4.

3-4   **dwyn treis arnei** ' ei threisio.' Am enghreifftiau eraill
o'r priod-ddull hwn gw. BBCS xvi. 9.

4   **a gafas beichogi** ' a feichiogodd.' Sylwer na threiglir y
gwrthrych ar ôl y 3 un. gorff., gw. GCC 11, TC 216-7.

Nonn. Llad. *Nonnita* (Nynnid ; cf. Eglwys Nynnid ger
Margam, yn Sir Forgannwg) ; gw. LSD 70-71, BC 646.
Dywed Gerallt (*Opera* iii, 379) i Sant ei chyfarfod ym
Mhebydiog, a rhaid bod traddodiad yn ei chysylltu â

Td.   ll.

Dyfed. Yn Bonedd y Saint (VSBG 320) dywedir ei bod yn ferch i Cynyr o Gaer Gawch ym Mynyw (Ar Gaer Gawch a'i gysylltiad posibl â Chaeo yn Sir Gaerfyrddin, gw. LSD 71). Dyry Ieuan ap Rhydderch yr un traddodiad :

> O Non, santes wen annwyl,
>
> Ferch Gynyr, naf hoewaf hwyl. (IGE 226. 17-18).

Mae rhai eglwysi a chapeli yn dwyn yr enw ; er enghraifft Llannerchaeron a Llannon yn Sir Aberteifi, a Llannon yn Sir Gaerfyrddin ; hefyd Capel Non yn agos i Dyddewi. Coffeir yr enw hefyd yng Nghernyw, Dyfnaint a Llydaw, ac y mae buchedd Lydaweg ar gael yn dwyn y teitl *Buez Santes Nonn*, gw. RC viii, 230-301, 406-91, ChBr 242-5.

O gyfnod cynnar meddylid am Nonn fel santes ac fel mam Dewi, eithr fe ddichon fod yr enw yn wreiddiol yn cynrychioli gŵr o fynach a gydoesai â Dewi ac a oedd yn gydymaith iddo,—sant ac olion ei gwlt yn Nghernyw a Llydaw hefyd, fel rhai eraill o seintiau Cymru yn y cyfnodau hyn. Dyma eiriau Doble : ' When the story of his life was forgotten, the resemblance of his name to the word nonna (nun) led to the invention of the story of the violated nun, and the connection between S. Nonna and S. Dewi were changed from that of companions into that of mother and son ' (SN 6). Tebyg yw'r traddodiad am Efrddyl, ferch Peibio a mam Dyfrig ; morwyn a dreisiwyd oedd hithau, eithr fe ddichon fod yr enw yn wreiddiol i'w gysylltu â gŵr o sant a oedd yn gydymaith i Ddyfrig, gw. SD 12.

5   **a rodet yn enw arnaw.** Cyffredin oedd y defnydd o *rodi* gydag *ar* i ddynodi ' enwi.' Weithiau ceid *yn enw* yn isdraethiad enwol gwrthrychol, fel yma ; weithiau eraill nis ceid, gw. BBCS xvi. 7.

6   **gwedy.** Adferf yma, sef ' wedyn ' ; gw. GCC 143.

6-7   **o vedwl a gweithret** ' o ran meddwl a gweithred,' gw. GCC 23.

8   **o'r pan** ' o'r adeg pan,' gw. GCC 154.

10   **lewes :** 3. un. gorff. *llewa* ' *to consume*'. felly bwyta ac yfed. Sylwer ar y terfyniad *-es* (A. *-as*), terfyniad a ychwanegir fel rheol at ferfau sy'n cynnwys *-o-*/*-oe-* yn eu bôn ; gw. GCC 82.

       namyn bara a dwfyr. Cryf yw'r traddodiad fod asetigrwydd eithafol yn un o brif nodweddion y mudiad mynachaidd y perthynai Dewi iddo. Ar Dewi Ddyfrwr, gw. y Rhagymadrodd, a nodyn llawn yn LSD 62-3 ; hefyd HW i 155. Yr oedd y traddodiad yn fyw ymhlith y beirdd ; er enghraifft Ieuan ap Rhydderch :

> *Dewi ddyfrwr yw'n ddiwyd,*
>
> Dafydd ben sant bedydd byd. (IGE 229. 127-8). Gw.

ymhellach RC xlv. 148-9, hefyd EC vii. 340.7, lle cynigir esboniad gwahanol ar darddiad yr epithet *dyfrwr*.

11-12 Yn y Llad., wrth gyfeirio at Non yn mynd i wrando'r bregeth, dywedir fod Gildas yn gweinidogaethu yng

nghyfnod y Brenin Tryffun a'i feibion (VSBG 152). Enwir
Tryffun mewn hen saga Wyddeleg (o'r wythfed ganrif) sy'n
adrodd hanes crwydriadau'r *Deissi*, llwyth o Iwerddon a
ymsefydlodd yn Nyfed (gw. Kuno Meyer, *Cymmr.* xiv.
101-35). Yno dywedir fod Tryffun yn dad i *Aircol*, a bod
hwnnw yn dad i *Guortepir* (113). Mewn fersiwn ddiweddar-
ach o'r ach hon (Harleian 3859, *Cymmr.* ix. 171), ceir yr un
dystiolaeth, ond yn yr achau yn Llsgr. Coleg Iesu 20
(*Cymmr.* viii. 86) daw *Erbin* rhwng *Gwrdeber* (Gwrthefyr) ac
Aircol lawhir (Aergol). Am yr olaf cf. Llyfr Llandaf : *Aircol
lauhir filio tryfun rege demeticę* (LL 125). Diau mai'r un yw
Guortepir â'r *Voteporigis* (gen. un.) a geir yn yr arysgrif
ddwyieithog (Ogam a Lladin) yng Nghastelldwyran, Sir
Benfro, gw. ECMW 107. Yr un yw hefyd â'r *Vortiporius*,
un o'r tywysogion a gystwywyd gan Gildas yn ei *De Excidio
Britanniae* (*Gildas* i. 73). Yr oedd gwallt hwnnw yn dechrau
llwydo pan ysgrifennai Gildas (cyn 547), a theg felly yw
rhoi ei dad-cu, Tryffun, yn ôl mor gynnar o leiaf â dechrau'r
bumed ganrif.

12   **gwarandaw** ' gwrando,' cyfansawdd o *gwar* ac *andaw*.
Digwydd *andaw* ei hun yn yr ystyr ' gwrando,' a hefyd fel
enw yn golygu ' gwrandawiad,' gw. GPC 110, G 26. Cynnwys
an- (rhagddodiad cadarnhaol) a *taw*, yr un *taw* ag yn *tewi*.
Aeth *gwarandaw* yn *gwrandaw*/*gwrando* drwy i'r sillaf o
flaen yr acen wanhau, ac yn y diwedd ddiflannu'n gyfan
gwbl ; cf. *paladur* > *pladur*, gw. WG 54.

Gildas Sant. Llad. *sanctus Gildas*, *Cau filius*. Mynach
o'r chweched ganrif (c. 500—570) : hanoedd o'r Hen
Ogledd, o lannau'r afon Clyde efallai. Yr oedd yn ŵr o
gryn ddysg a dawn, a bu'n ddisgybl yn ysgol enwog Illtud.
Yr oedd yn drwm dan ddylanwad y diwylliant Lladin, a
hefyd yr ysbryd mynachaidd a oedd ar gerdded yn ei
ddyddiau cynnar ef. Rhufeiniwr o argyhoeddiad oedd, heb
feddwl llawer am y diwylliant brodorol Brythonig a ddech-
reuasai flodeuo eilwaith ar ôl ymadawiad y Rhufeiniaid.
Cymerth ran flaenllaw gyda'r mudiad mynachaidd, a wnaeth
gynnydd rhyfeddol yn ail hanner y chweched ganrif. Ac,
fel llawer diwygiwr arall, ceisiodd yn rhan olaf ei oes ffrwyno
rhai tueddiadau ' eithafol ' yn y mudiad (gw. HW i. 142-3).
Bu yn Iwerddon, a hefyd yn Llydaw, lle y bu farw yn Ruys,
yn y fynachlog a sefydlodd ef ei hun.

Cyfansoddodd draethawd neu lythyr, sef y *De Excidio
Britanniae* ' Am Ddistryw Prydain,' gwaith yn null ac
awyrgylch rhai o broffwydi'r Hen Destament,—lladd
diarbed ar ddrygau'r oes, a chondemnio chwyrn a chwerw
ar arweinwyr gwleidyddol ac eglwysig y Brythoniaid
(*Gildas* i. 1-148, ii. 149—252). Dyry enwau pum tywysog,—
a deyrnasai yn y gorllewin a'r de-orllewin, ac yn eu plith
Maelgwn Gwynedd, a Gwrthefyr yn Nyfed (gw. uchod)
Gildas i. 68-87.

Cydoesai â Dewi. Go brin eu bod erioed yn gydweithwyr, ac er bod y ddau yn 'seintiau' neu 'n 'fynaich,' mae 'n amlwg na pherthynent i'r un mudiad. Hwyrach fod Dewi o blaid asetigrwydd a aethai'n rhy eithafol yng ngolwg Gildas yn rhan olaf ei oes (gw. HW i. 156). Sut bynnag, rhaid bod traddodiad cryf o blaid bri'r olaf mewn rhannau o Brydain a thu allan, onid e ni fyddai Rhigyfarch mor awyddus i'w ddarostwng, fel y gwna yma. Ymddengys, fodd bynnag, mai ychydig fu ei ddylanwad yng Nghymru a Chernyw (nid oes gymaint ag un llan yng Nghymru yn dwyn ei enw) ; nid rhyfedd, ac yntau wedi pastynu tywysogion y parthau hyn mor enbyd !

Lluniwyd dwy fuchedd iddo, a'r ddwy yn bur wahanol i'w gilydd. Mae'r gynharaf yn perthyn efallai i'r nawfed ganrif, ac fe'i cyfansoddwyd yn Ruys yn Llydaw. Caradog o Lancarfan biau'r ail, ac mae'n bur debyg ddarfod ei chyfansoddi tua chanol y ddeuddegfed ganrif (gw. *Gildas* ii. 322—413 ; P. Grosjean, *Analecta Bollandiana* lx, 35 yml.)

Arno gw. *Gildas* i a ii, HW i. 134-43, LSD 73-75, BC 259-60, a hefyd erthygl werthfawr Mrs. N. K. Chadwick yn SGS vii. 115-83.

13   **ac nys gallai.** Ni allai Gildas bregethu am fod un mwy nag ef, sef Dewi, yn bresennol, er nad oedd eto ond ym mru ei fam. Digwydd fersiwn o'r stori yma ym Muchedd Gildas gan Caradog o Lancarfon (gw. *Gildas* ii. 398, 400, LSD 46-47). Yno lleolir y digwyddiad mewn eglwys yn ·ymyl y môr ym Mhebydiog. Dywed Gerallt (*Opera* iii. 381) fod yr eglwys honno mewn lle o'r enw *Kanmorva* (neu *Cair morva*), tref neu gaer ar lan y môr (*urbs maritima vel castrum*). Diau mai lle yn ymyl Tyddewi a feddylid : am y dyfalu ynglŷn â'r lleoliad gw. LSD 72-73.

Digwydd fersiwn arall o'r un hanes ym muchedd y sant Gwyddelig Eilfyw (gw. VSH i. 53, hefyd LSD 38-39). Dywedir i'r sant hwnnw ganfod offeiriad a fethai ganu'r offeren. Gwelodd fod merch feichiog yn bresennol a dat-guddiwyd iddo y byddai i honno esgor ar fab a elwid Dafydd, etholedig Duw ac esgob mawr ei fri. Dyna paham y methodd yr offeiriad fynd ymlaen â'r offeren : nid cyfreithlon i offeiriad ganu'r offeren yng ngwydd esgob heb ei ganiatâd ; gw. *Slover* 91-93.

Yr oedd y traddodiad yn hysbys i Sieffre : 'Mynyw a wisgir o vantell Gaer Llion, a phregethvr Ywerdon a vyd mut o achavs mab yn tyuu yg callon y vam ' BD 104. 19-20. Y pregethwr y tro hwn yw Padrig ; gw. td. 244, hefyd SEBC 210.

14   **elchwyl** : ffurf ar *eilchwyl* ' eilwaith,' G 457 ; o *eil* a *chwyl* ' tro, treigl.'

   profi ' treio, ceisio '. Cf. y *proues* hitheu vynet eno ac nys gallai BBCS ix. 340.25.   Felly hefyd *profassam* 13.17 isod.

17   **odieithyr** ' y tu allan i,' felly 12.9 isod. Dyma'r ystyr gyntaf, gw. GCC 125.

18   **plwyf.** Pobl yr eglwys a olygir yma : daw *plwyf* o'r Llad. *plēb-em.* Fe 'i cawn yn yr un ystyr gan Ddafydd ap Gwilym :

> A gwedy'r hir edrychwyf
> Dros fy mhlu ar draws fy *mhlwyf* (GDG 130. 23-24).

> Darllain i'r *plwyf,* nid rhwyf rhus,
> Efengyl yn ddifyngus. (ib. 323. 23-24).

y le ' i'w le,' gw. GCC 34.

22   **damunaw** ' dymuno.' Dyma'r ffurf mewn CC : cafwyd *dymunaw/dymuno* drwy fod *a* ac *y* yn amrywio o flaen cytsain drwynol, yn enwedig mewn sillaf ddiacen, e.e. *amgeled/ymgeled,* gw. GCC 2.

23   **Heb y Nonn.** Nid y fannod yw'r *y,* ond rhan o ffurf y ferf. Ceir y·ffurfiau *.hebyr, heby* a *heb.* Drwy gamrannu cafwyd *heb yr* (o flaen llafariad) a *heb y* (o flaen cytsain), gw. GCC 103.

4   1   **y vedyant.** Enghraifft o wrthrych ansoddair, lle mae'r enw yn diffinio'n fanylach ystyr yr ansoddair : felly ' yn fwy o ran ei feddiant a'i rad a'i urddas,' gw. GCC 23. Ystyr *medyant* yw ' gallu, awdurdod,' gw. BBCS i. 30, PKM 133.

2   **idaw ef ehun** ' iddo ef yn unig.' Ar *ehun* = ' yn unig ' gw. GCC 60.

3   **Kymry** ' Cymru,' gw. GCC 1-2.

tragywydawl ' tragwyddol ' : dyma'r ffurf lawn, cf. *trycyguidaul* LL 120. 6.

4   **gwedy** ' wedyn,' gw. ar 3.6 uchod.

5   **hwy** ' yn hwy.' Fel rheol yn y cyfnod hwn, pan fyddai'r ansoddair cymharol yn adferfol defnyddid cystrawen berthynol, a'r ansoddair yn gweithredu fel traethiad enwol, e.e. na at vi y drigyaw *a vo hwy* yn y drygeu hynn 19.21 isod ; gw. GCC 147. Fe ddichon mai'r esboniad ar *hwy* yma yw bod yr *a vo* diacen wedi ei golli, fel y collwyd ef o flaen ansoddair cymharol ar ôl enw : cf. a gorffennwch beth *mwy* 20.13 isod, a gw. GCC 27.

6   **ar bawp o'r ynys honn.** Llad. *omnium sanctorum Brittannię* 'holl seintiau Prydain (Cymru)'.

7   **ynys arall.** Ym Muchedd Gildas gan Garadog o Lancarfan dywedir i Gildas fynd i Iwerddon : *Unde contigit, quod sanctissimus praedicator Gildas transivit ad Hiberniam* ' Yna fe ddarfu i'r santeiddiaf bregethwr Gildas groesi i Iwerddon ' *(Gildas* ii. 400). Hefyd, fe ddigwydd *ynys* a'r Llad. *insula* am fynachlog ; gw. Taylor LSSD 26.

9   **ef a** : geiryn rhagferfol yma = ' fe,' gw. GCC 115. Felly 4.14, 20.1 isod.

11   **yny** ' hyd oni, *until* ' ; GCC 155.

14   **pan vedydywyt.** Yn y Llad. dywedir iddo gael ei
fedyddio gan y sant Gwyddelig Eilfyw (Ailbe), nawddsant
Munster, gw. VSH i.46-64. Yr oedd eglwys iddo ym
Mhebydiog, sef Llaneilfyw, bedair milltir i'r dwyrain o
Dyddewi : coffeir ei enw hefyd yn Fagwr Eilw ym mhlwy
Llanhywel.

Dywed Gerallt (*Opera* iii.383) mai ym Mhorth Glais,
cilfach yn ymyl Tyddewi, y bedyddiwyd y sant.

15   **dall.** Yn y Llad. ceir *moui ceci* (a newidiwyd gan Wade-
Evans yn *moni ceci* ' mynach dall,' VSBG 153.20, LSD 6.26).
Yn sicr mae yma atgof o'r Wyddeleg *Mobi*, o Glasnevin :
yr oedd yntau yn wynepglawr (*cláirainech*), gw. MOC 216,
222, 224.

16   **daly** ' dal ' neu ' dala,' gw. GCC 7.

19   **y ganet** ' y'i ganed.' Mae'r *y* yn cynnwys y geiryn *y* a'r
rhagenw mewnol *y*, gw. GCC 35.

wynepclawr ' *flat-faced*,' heb na thrwyn na llygaid ; o
wyneb a *clawr*. Cf. Gwynfardd :

> Pan deuth o Freinc Franc o'e erchi,
> Yechyd rac clefyd rac clwyf delli,
> *Wynepclawr* ditawr dim ny weli,
> Pesychwys, dremwys drwy vot Dewi. (HGCr 48.158-61).

Fe ymddengys, fel yr awgryma'r Athro Henry Lewis
(HGCr 192), mai digwyddiad arall a gofnodir yma. Eithr
at yr un digwyddiad ag yn y Fuchedd y cyfeiria Iolo Goch :

> Eilwaith y rhoes ei olwg
> I'r claf drem rhag clefyd drwg,
> Ei dad bedydd, dud bydawl,
> Dall *wynepglawr*—mawr fu'r mawl. (IGE 111.35-38).

Cf. Gwydd. *clár-enech* ' clawr-wyneb ' gw. CIL 381, hefyd
clár aighthe ym Muchedd Máedóc (Aidán), BNE i.185.11-12.
Mewn fersiwn arall o fuchedd y sant hwn ceir a ganlyn :
*Do bi neach ele i mBretnaibh 'gá raibhe a acchaid 'na háon
clár uile, gan súil, gan sróin,* 7 *do bi marsin aga breith.
Ruccadh go Maedhócc é da leicches* ' Yr oedd·un arall o blith
y Brytaniaid a'i wyneb yn un clawr oll, heb lygad, heb
drwyn, ac fe'i ganesid felly. Fe'i ducpwyd at Maeddog i
gael ei iachau ' BNE i.210. Yn y fersiwn Ladin o'r fuchedd
fe geir ' Vir quidam in Brittania, *tabulatam faciem habens*, id
est *sine oculis et naribus ex utero natus*, adductus est ad
Sanctum Moedhog causa curandi VSH ii.146.

Diau mai o ffynhonnell Wyddelig y cafodd Rhigyfarch y
thema hon am iachau'r dall ac am ffynnon yn tarddu.
Fe'i cawn mewn fersiwn o Fuchedd Padrig : *Ó rogenair
iarom inti noem Patraic issed rucad cusin mac ndall claireinech
dia baitsiud* ' Yna pan aned Padrig santaidd fe'i ducpwyd
at y mab dall wynepglawr i'w fedyddio ' (TLP 8). Nid
oedd yno ddŵr, a gwnaeth y dall arwydd y groes â llaw'r
baban uwchben y ddaear, hyd oni tharddodd allan ffynnon
o ddŵr. Golchodd yntau ei wyneb â'r dŵr hwnnw, ac fe'i

hiachawyd (ib.).   Gw. RC xlv.146-8, hefyd SEBC 142.

20   **y olwc a gafas** ' fe gafodd ei olwg.' Sylwer ar y drefn :
gwrthrych + *a* + *berf,* un arall o ddulliau'r Frawddeg
Annormal ; gw. GCC 119, CFG 107.

a chwbyl o'r a berthynei arnei ' a'r cwbl a berthynai
iddi.' Ar *o'r a* gw. GCC 46. Cyffredin ddigon yw'r defnydd
o *ar* gyda *perthynu* mewn CC., gw. BBCS xv.10.

21   **dylyynt** ' dylent.' Y bôn oedd *dyly-*, gw. GCC 101. Yma
ceir ffurf 3 llu. yr amherffaith, a'r terfyniad arferol *-ynt*
wedi ei ychwanegu at y bôn.

22   **Vetus Rubus.** Dyma a ddywed Gerallt (*Opera* iii.384) am
Vetus Rubus : qui et Kambrice *Hen-meneu,* Latine vero
Vetus Menevia vocatur ' a elwir yn Gymraeg *Hen Meneu*
(Hen Fynyw), ond yn Lladin *Vetus Menevia.*' Nid yw
Henllwyn ond cyfieithiad o'r Lladin. Anodd penderfynu pa
le a feddylir ; ai Hen Fynyw yn Sir Aberteifi, i 'r de o Aber-
aeron ? Gw. LSD 78-79, 83-85 ; hefyd J. J. Evans, *Dewi Sant
a'i Amserau* (Gwasg Gomer 1963), 20. Yn 14.15, 18.20 isod
digwydd *Dinas Rubi* am Dyddewi ; gw. ymhellach ar *Mynyw
yn y deheu* 14.12 isod.

23   **seilym** ; hen lu. *salym* ' salm,' benthyciad dysgedig o'r
Llad. *psalma.*

5   2   **colomen.** Yr oedd colomen yn bresennol ar achlysur
ordeinio Samson yn ddiacon, ac yn esgob ; gw. LSSD 19-20,
45.

4   **Odyna yd aeth Dewi - - -.** Fe ymddengys fod yma gais
i gymodi rhwng dau draddodiad gwahanol am addysg Dewi,
gw. HW i.54. Cawn fersiwn arall ym Muchedd Paul o Léon
ac ym Muchedd Illtud, lle yr enwir Dewi ymhlith disgyblion
Illtud, gw. RC v.421, VSBG 208.

Paulinus. Sant o ogledd-ddwyrain Sir Gaerfyrddin, a'r
un efallai â St. Paul o Léon yn Llydaw : cawn sôn amdano
eto ynglŷn â Senedd Frefi, gw. tdau. 13-14. Dywed Gour-
monoc (RC v.418) 'ei fod yn hanfod o le o'r enw *Brehant
Dincat,* sef Llandingad y mae'n dra thebyg, y plwyf y saif
Llanymddyfri ynddo (gw. SPW 14). Mae dau gapel yn y
plwyf hwn yn dwyn ei enw, un yng Nghapel Peulin a'r llall
yn Nant-y-bai : ceir hefyd Ffynnon Beulin. Yr unig eglwys
a gyflwynwyd iddo yw Llan-gors yn Sir Frycheiniog, lle
ceir hefyd gapel Llanbeulin. Digwydd yr enw mewn nifer o
arysgrifau o'r bumed a'r chweched ganrif (LEHB 323), a'r
fwyaf diddorol ohonynt o'n safbwynt ni yw'r arysgrif yng
Nghaeo (i'r gogledd-orllewin o Lanymddyfri).   Perthyn
honno i hanner cyntaf y chweched ganrif a cheir ynddi'r
geiriau HIC PAULINUS IACET : eithr fel yr awgryma Doble
(SPL 31), mae'n ddigon posibl mai rhyw bennaeth a goffeir
yma yn hytrach na'r sant.   Arno gw. G. H. Doble SPL,
SPW, BC 707 ; hefyd R. D. Williams, *Y Llan* (Gorff. 18, 1952).

Fe ddywedir yma (ll. 5) ei fod yn ddisgybl i esgob sant o
Rufain ; yn ôl y Llad. disgybl i St. Germanus oedd, sef y

sant enwog o Auxerre a ymwelodd ddwywaith â Phrydain
yn ystod y bumed ganrif (429 a 447), i gynorthwyo gyda'r
ymgyrch yn erbyn heresi Pelagius.
Ym Muchedd Teilo (LL 99) dywedir fod y sant hwnnw
yntau yn ddisgybl i Beulin.   Cofier mai Llandeilo Fawr
(ychydig filltiroedd i'r de o Lanymddyfri) oedd canolfan
Teilo. Mynn Doble (SPW 14) mai yn Llanddeusant (saith
milltir a hanner i'r de-ddwyrain o Lanymddyfri) yr oedd
mynachlog gyntaf Peulin. Felly yn Llanddeusant y bu
Dewi a Theilo, os gellir rhoi coel ar y traddodiad. Yn sicr,
diweddar yw'r traddodiad sy'n cysylltu Peulin â'r Hendy-
gwyn ; gw. HW i.151.

6   **athro.** Llad. *scriba*, felly hefyd yr esiampl o'r gair sy'n
digwydd yn ll. 4 uchod. Cf. Davyd Sant, dy *athro* di 10.18
(Llad. *pater* VSBG 160.19). Nid oes fodd bod yn bendant
parthed ei ystyr ym mhob achos, eithr yn gyffredin fe
ddynoda ŵr mewn urddau eglwysig. Cf. *ysgolheic*, eithr yr
oedd yr *athro* yn uwch na'r *ysgolhaig* : a'r un *yscolheic*
doethaf, a elwit yr *Athro* Vledgywryt LlB 1.19, nac *yscolheic*
yscol heb ganhat y *athro* 42.18, yr archesgyb a'r esgyb a'r
abadeu a'r *athraon* a'r *ysgolheigyon* BD 143.28. Yn 13.5
isod enwir yr *athrawon* ynghyda'r esgobion a'r offeiriaid ;
cf. hefyd : er escop ae *athraon* BBCS x.21. Cyplysir
athrawon a *doethion* yn PKM : Hitheu Riannon a dyuynn-
wys attei *athrawon* a *doethon* 21.19. Arno gw. ymhellach
GPC 235, BD 297.

        damchweinyawd ' digwyddodd.'   Ceir *damwein* a
damchwein, hefyd *damwhein* mewn CC ; gw. GCC 8, G 293.
6-7   **colli o athro Dewi y lygeit** ' i athro Dewi golli ei lygaid,'
cymal enwol sy'n gweithredu fel goddrych y ferf *dam-
chweinyawd*. Sylwer bod goddrych y berfenw, sef *athro
Dewi* dan reolaeth yr arddodiad *o* ; gw. ar 2.6 uchod.

8   **ol yn ol** ' yn olynol, un ar ôl y llall.' GCC 144.
9   **canhorthwy** ' cynhorthwy.'   Ar *a/y* o flaen cytsain
drwynol, gw. ar *damunaw* 3.22 uchod.

        am ' ynglŷn â, ynghylch ' yma ; gw. GCC 121.
11   **edrych vy llygeit.** Ystyr ' archwilio ' neu ' arolygu '
sydd i *edrych* heb arddodiad : henne a *edrychws* enteu yn
graff sythyedic BBCS ix.145.11, Ot *edrychy* di vuched
dynyon ereill ac ev moesseu ii.28.18, *Edrych* di meint y
niver v.207.26, *Edrych* dy aniueileit ii.14.9, mynych *edrych*
dy da ath wassanaethwyr ii.16.23.

        y 'm poeni ' yn fy mhoeni ' ; cf. ll. 14 isod *y'th wyneb di* =
' yn dy wyneb di.' Gw. ymdriniaeth fanwl a gwerthfawr
gan Mr. Arwyn Watkins, BBCS xvii.137-58.
15   **ryuedu.** ' rhyfeddu at.' Sylwer na ddefnyddir arddodiad
gyda'r ferf ; felly'n gyffredin mewn CC. : cf. *Ryuedu* hynny
yn uawr a wnaeth PKM 59.15. Gw. ymhellach LlC v. 117.

        kewilyd. Llad. *nimiam uerecundiam*, ' gwyleidd-dra,
modesty.' Ond ' gwarth, gwaradwydd ' yw'r ystyr yn 8.21.

Y ffurf ag -e- yn y sillaf gyntaf sy'n digwydd amlaf mewn
CC., yn enwedig yn y farddoniaeth gynnar, gw. G 139.

20   **dedyf.** Llad. *testamento* ' testament.' Gw. hefyd G 305.

23-24   **yssyd dynghetuen . . idaw y wneuthur** ' y tynghedwyd
iddo eu gwneuthur gan Dduw.' Disgwylid *y mae* ac nid
yssyd ar ddechrau'r cymal perthynol, lle mae'r perthynol yn
dibynnu ar ferfenw, gw. CFG 86-91. Sylwer hefyd fod y
rhagenw blaen o flaen y berfenw (*g*)*wneuthur* yn unigol a
gwrywaidd, er mai at ragflaenydd lluosog y cyfeiria.
Digwydd enghreifftiau eraill o hyn mewn CC a ChD, ac y
mae'n ddigon cyffredin ar lafar o hyd ; gw. TC 162-3,
GCC 43 a BD xl.

6   1-17   Taith ddiddorol yw hon, yn cychwyn o Wlad yr Haf ar
draws Mercia hyd Croyland ; yna yn ôl i Repton ac i lawr
drwy Faesyfed a Hennffordd i Went ; oddi yno tua'r gor-
llewin drwy Langyfelach a Chydweli (? a Meidrim), ac yn
ôl i Hen Fynyw. Mae'n amlwg fod Rhigyfarch yn awyddus
i ddangos fod breintiau a hawliau Tyddewi yn ymestyn dros
rannau o Loegr, gw. LSD 80-81.

1   **Glastynbri,** sef Glastonbury yng Ngwlad yr Haf. Dyma
a ddywed Silas Harris am y traddodiad sy'n cysylltu Dewi
â'r sefydliad hwn : ' There is thus no inherent reason why
David should not have had something to do with the
monastic foundation at Glastonbury, as Rhygyfarch and
Giraldus assert that he had, and it is certainly the most
reasonable explanation of the early appropriation of his
name by that abbey. Already in the eighth century Glaston-
bury was claiming ' the blessed David ' as its chief patron
after our Lady, and in the next century asserted itself
(albeit falsely) to be in possession of his relics. This con-
siderably antedates Rhygyfarch, as does the liturgical
witness to the cultus of St. David at Glastonbury.' (SDL 71).

2   **adeilyawd** ' adeiladodd.'' Y bôn oedd *adeil-* (*ad* + *eil-*),
a'r berfenw *adeil-at.* Yn ddiweddarach cymerwyd ffurf y
berfenw fel y bôn, ac ychwanegu'r terfyniadau personol at
hwnnw. Hefyd lluniwyd ffurf ferfenwol newydd, sef
adeilad-u ; gw. GCC 106.

4   **twymyn** ' twym ' ; cf. Yvet a wnaethost diawt yn
dwymyn YCM 86.26. Ar ei darddiad gw. WG 124, L & P 27 ;
yr un gair yw â *twymyn* ' *fever*,' ond bod y sain epenthetig
(rhwng yr *m* a'r *n*) wedi datblygu yn llafariad lawn yn
hwnnw, a'r *n* derfynol felly wedi ei chadw ; gw. GCC 8-9.

5   **yr Enneint Twymyn,** sef Bath neu Gaerfaddon, yng
Ngwlad yr Haf. Ar *enneint* ' *bath* ' gw. PKM 138, G 479 ;
cf. *enneint creu* ' *blood bath* ' CA 5.102. Yma golygir y·dŵr
rhinweddol a meddyginiaethol y gallai pobl ymiro ac
ymolchi ag ef.

Cf. Sieffre o Fynwy : ' A'r gvr hvnv (sef Rhun, fab
Bleiddudd) a adeilvs Caer Vadon ac a wnaeth *yr enneint*

tvymyn yr medeginyaeth y rei marwavl.' BD 25.31-26.2 ; hefyd gw. nodyn ar dud. 216.

6 **Krowlan,** sef Croyland yng ngwaelod Swydd Lincoln. Fe'i sefydlwyd gan St. Guthbec, a fu farw yn 714.

6-7 **Repecwn,** Repton yn ne Swydd Derby, yn agos i Lichfield. Yr oedd yno fynachlog mor gynnar â'r seithfed ganrif, gw. LSD 81-82.

8 **Collan,** Colfa ym Maesyfed.

Glascwm, Glasgwm ym Maesyfed, un o eglwysi enwocaf y sant, gw. HW i.254-5. Dywed Gerallt mai yn yr eglwys hon yr oedd cloch nodedig Dewi, sef Bangu : ' Ond yn Elfael, yn eglwys Glasgwm, y mae llawgloch o'r rhinwedd mwyaf, a alwant wrth ei phriod enw Bangu, ac y dywedir iddi fod ym meddiant Dewi Sant ' (GG 16). Cantref oedd Elfael yn cynnwys rhan ddeheuol Sir Faesyfed. Mae Gwynfardd yntau yn cyfeirio at y gloch, ac yn ei chysylltu â Glasgwm (HGCr 45.54-58).

9 **Llannllieni,** Leominster yn Swydd Henffordd ; ar lan yr afon Lugg, ac nid ar lan Hafren, fel y dywedir yma.

10 **Pebiawc.** Llad. *Pepiau,* sef Peibio. Cyfeirir ato yn LL 72-76, 78-79. Dall yw'r brenin yma a Dewi a rydd iachâd iddo. Yn LL (78) fe'i gelwir yn ' glaforog ' (*clauorauc*) sef ' clafoeriog, *drivelling.*' Ei dad oed Erb, a'i ferch oedd Efrddyl, mam Dyfrig. Pan ganfu ef ei bod hi'n feichiog, ceisiodd ei difetha, ond yn ofer : iachawyd yntau o'i ddolur gan gyffyrddiad llaw'r baban, sef Dyfrig (ib.79).

Digwydd yr enw *Peibyaw* yn *Culhwch ac Olwen.* Un o'r anoethau y gofynnai Ysbaddaden Bencawr am eu cyflawni oedd cael gafael ar Nyniaw a Pheibiaw, a oedd wedi eu rhithio yn ychen gan Dduw am eu pechod (WM 480-81). Yn Sir Drefaldwyn ceir Garthbeibio, a digwydd Ynys **Beibio yn agos i Gaergybi yn Sir Fôn.**

Erging ; Archenfield yn Swydd Henffordd. ' Erging was bounded by the Wye, the Worm and the Monnow ; though so close to the gates of Hereford, it was a stronghold of Welsh customs and ideas as late as the end of the twelfth century. The Welsh Saints were honoured throughout the district, and among them St. David had a great church at Much Dewchurch, and Dyfrig, who was (if we may believe his legend) by birth and residence a man of Erging, a group of churches which commanded the allegiance of the dwellers along the winding banks of the Wye.' (HW i.280). Gw. hefyd G 485.

12 **Gwent,** y wlad rhwng yr afonydd Wysg a Gwy.

13 **Raclan,** sef Rhaglan yn Sir Fynwy.

14 **Llanngyuelach,** yn Sir Forgannwg, ychydig i'r gogledd o Abertawe.

15 **Gwhyr,** Gŵyr : y wlad rhwng Llwchwr a Thawe, o droed y Mynydd Du hyd eithaf y penrhyn sy'n ymestyn tua'r

gorllewin o Abertawe, gw. HW i.269. Am y ffurf cf. *Guhir*
LL 35.1, *Guher* 41.2, *Guoher* 42.16, *Goher* 55.24.

16   **Ketweli,** Cydweli : cwmwd a gynhwysai ran ddeheuol Sir
Gaerfyrddin, yn wreiddiol yr holl wlad rhwng yr afonydd
Llwchwr a Thywi (yn ddiweddarach cawn fod y rhan
orllewinol o'r wlad yma yn dwyn yr enw Carnwyllion).
Ynghyda Gŵyr (a Charnwyllion yn ddiweddarach) ffurfiai
un o dri chantref Ystrad Tywi, sef Cantref Eginog, gw.
HW i.269. Yn y Llad. cawn *in prouincia Cetgueli.*

Botucat a Nailtrwm. Ni wyddys at bwy y cyfeirir yma.

Botucat. *Cat* ' cad,' mae'n ddiau, yw'r ail elfen, cf.
Dinacat ' Dingad ' (*Cymmr.* ix. 179). Am yr elfen gyntaf cf.
Bodgu ' Boddw ' (ib. 181) : yn CA 18.438 ceir 'eithinin
uoleit map *bodu* at am.' Hefyd *Arthbodgu* ' Arthfoddw '
(*Cymmr.* ix. 181) ; *Elbodgu* ' Elfoddw ' ac *elbodugo* (ib. 180,
162) = *Eluod* (LL 179.27) ; *Guruodu* ' Gwrfoddw ' (LL
179.13, 190.18), *Guoruodu* (ib. 191.25). Digwydd *Catuodu*
mewn Llydaweg, gw. Ch Br 110. Cf. Gwydd. *bodb* ' *a scald-
crow* ' yn ôl CIL 234 ; hefyd *Bodb* fel enw personol. Ym
Mreuddwyd Oengus mae Bodb yn frenin y tylwyth teg (*sid*)
ym Munster, a chanddo enw mawr dros Iwerddon oll fel un a
wyddai bob peth (DO 50). Ar y gwreiddyn Celteg *boduo-*
gw. ACS 461.

Nailtrum. Llad. *Martrun* (neu *Maitrun,* gw. VSBG 154).
Anodd gwneud dim o'r ffurfiau hyn : hwyrach mai *Meidrim*
a feddylir, gw. LSD 83. Saif Meidrim yn ne-orllewin Sir
Gaerfyrddin, ac y mae'r eglwys yno yn dwyn enw Dewi.
Cf. Gwynfardd :

A Dewi bieu bangeibyr yssyt
        Meitrym le a'e mynwent y luossyt (HGCr 46.89-90).

18   **ymchoelawd** dychwelodd.' Yn ddiweddarach yng
nghyfnod CC y daethpwyd i ddefnyddio *-awd* yn derfyniad
3 un. gorff. berfau ac *-o-/-oe-* yn eu bôn, gw. LlC vi. 115. *-es*
sy 'n digwydd fel rheol, gw. GCC 82, hefyd BBCS xvii.260.

18-19   **y lle a elwit Vetus Rubus** ; gw. ar 4.22. Mae Rhigyfarch
am ddangos mai yma y bwriadasai Dewi ymsefydlu cyn
cael gair o gyfarwyddyd gan yr angel.

19   **Goeslan.** Llad. *Guistilianus.* Hwyrach mai hwn oedd
athro Dewi yn Hen Fynyw, gw. HW i.154. Awgryma
Wade-Evans ddarfod i Ddewi ei ddwyn gydag ef i Glyn
Rhosyn, LSD 85-86. Ffurf arall ar ei enw oedd *Gweslan,*
10.6 isod (Ar *oe/we* cf. *ymchoelut/ymchwelut*).

20   **brawt ffyd.** Llad. *fratruelis,* gair a gamgyfieithwyd gan y
Cymro. Ystyr arferol *fratruelis* yw ' mab brawd y tad,'
felly ' cefnder ' ; ond awgrymir yn LSD (86) fod modd rhoi
iddo yr ystyr ' brawd y tad ' neu ' ewythr.' Dyna sut y
disgrifia Gerallt y berthynas,—*avunculus* (*Opera* iii.386).

20-21   **Angel yr Arglwyd a dywawt y mi.** Aml yw'r cyfeiriad-
au yn y Fuchedd at ymweliad angel, a chanddo genadwri

neu gyfarwyddyd (gw. 1.10, 2.2, 2.11, 5.21, 10.16, 19.10). Dywed Paulinus am Ddewi fod angel yn wastad yn gydymaith iddo (13.22—14.1). Yr oedd gan Badrig yntau angel yn gyfarwyddwr ar hyd ei oes, gw. SEBC 140-41.

21   **o vreid** ' o'r braidd, prin,' gw. GCC 143, CFG 103-4.

7   1   **nyt a neb y uffern.** Adlais o hen goel gyntefig fod cysegredigrwydd man arbennig yn sicrhau iachawdwriaeth, gw. VSH i.xciii. Ym muchedd y sant Gwyddelig Bairre, ar ôl sôn am bennu terfynau mynwent ei eglwys, cyhoeddir : *Omnis quicumque in humo huius cimiterii sepultus fuerit, infernus super eum post diem iudicii non claudetur* ' Pwy bynnag oll a fydd wedi ei gladdu yn naear y fynwent hon, ni fydd i uffern gau arno ar ôl Dydd y Farn ' VSH i.71. Gweler hefyd Fuchedd Cadog (VSBG 60), lle ceir adlais o'r un goel.

Mae bucheddau'r seintiau (Cymreig a Gwyddelig) yn frith gan syniadau a chredoau cyntefig a phaganaidd, gw. VSH i. cxxix—clxxxviii. Weithiau ceisir rhoi gwedd fwy Cristnogol i'r goel : gwneir hynny yma drwy ychwanegu fod ffydd dda a chred hefyd yn angenrheidiol. Mae Gwynfardd, fodd bynnag, yn fwy cyntefig :

> A el y medrawd mynwent Dewi,
> Nyd a yn uffern, bengwern boeni (HGCr 48.166-7).

Felly Iolo Goch :

> I bwll uffern ni fernir
> Enaid dyn; yn anad dir,
> Ar a gladder, ofer yw,
> Ym mynwent Dewi Mynyw. (IGE 112.81-84).

Bwriad Rhigyfarch yma, y mae'n ddiau, wrth briodoli cysegredigrwydd arbennig i Glyn Rhosyn, oedd dangos ei ragoriaeth ar ganolfan arall tua'r gogledd, sef *Vetus Rubus* neu Hen Fynyw ; gw. SEBC 156-7.

     o'r a ' o'r sawl a,' gw. GCC 46.

4   **dydgweith** ' un diwrnod,' *dyd* a *gweith* ' amser ' ; cf. *unwaith* etc.

5   **Aedan.** Sefydlydd ac Esgob Ferns yn Swydd Wexford. Yr oedd yn un o'r seintiau Gwyddelig a fu'n ddisgyblion i Ddewi (gw. 10.14-19), a cheir llawer cyfeiriad at Ddewi yn ei Fuchedd, gw. VSH ii. 144-7, 153. Digwydd testun Lladin cynnar o'i Fuchedd yn Cotton Vespasian A. xiv, lle ceir hefyd y testun Lladin o Fuchedd Dewi. Am fersiynau eraill o'i Fuchedd gw. SEHI i.449.

     Enw Gwyddeleg yw *Aedan*, o *áed* ' tân ' a'r terfyniad bachigol -*án* (*-*agnos*). Yr enw anwes arno oedd *Maedóc* (Cymraeg *Maydawc*, gw. amrywiadau ar dud. 11), ffurf a luniwyd o'r bôn *aed*, y rhagddodiad *mo* ' fy ', a'r terfyniad -*óc*. Mae'r olaf, yn ôl Thurneysen, yn hanfod o'r un terfyniad ag a roes -*awc* (CD -*og*) yn y Gymraeg : digwydd mewn enwau seintiau Gwyddelig o'r chweched ganrif ymlaen, gw. GOI 173-4. Anodd penderfynu beth yw'r berthynas rhwng Maeddog a Madog, gw. SCSW 97, SEBC 189.

Digwydd ei enw yn Llanhuadain (Llawhaden), Nolton,
Haroldston West a Solfach yn Sir Benfro, gw. SCSW 97 ;
hefyd Tref Aeddan (ar lafar *Trefeiddan*), fferm rhwng
Clegyr Fwya a Phorth Stinan, a Ffynnon Faeddog yn agos i
Porth Mawr.

Eliud, Eludd neu Teilo. Am yr elfen gyntaf yn yr enw
cf. *Elbodgu* ' Elfoddw,' hefyd *Elltud* (ffurf Gymraeg *Illtud*).
Ystyr *el* (Gwydd. *il*) yw ' llawer ' (< *pelu-s), ac nis ceir ond
mewn ffurfiau cyfansawdd, gw. BBCS viii. 30-31.   Yr ail
elfen yw *-udd* (< *iud-) ' arglwydd,' cf. Gruff*udd* ; gw. L & P
14. (Cynrychiola *-iud* hen orgraff am *-udd*).   Yr enw anwes
ar y sant hwn oedd *Teiliaw*, bellach *Teilo*. Fe'i lluniwyd
o 'r elfen gyntaf *el* gyda 'r rhagddodiad *ty* 'dy' a 'r ter-
fyniad *-(i)aw* (*-ayo-) : felly *Ty-eliaw* > *Te-eliaw* > *Teliaw*
etc. Cf. *Ty-sul-iaw/-io*, gw. A Bret. x.67, ac AC xii (1895)
37-38, Vendryes, *Choix d'Études Linguistiques et Celtiques*
(Paris, 1952), 182-95.

Arno gw. Rhagymadrodd xiv. Cydoesai â Dewi, a diau
eu bod yn gydweithwyr.   Ei ganolfan oedd Llandeilo Fawr
yn Sir Gaerfyrddin.   Ysgrifennwyd ei Fuchedd gan Geoffrey
Stephen, brawd Urban (m. 1134), Esgob Llandaf. Ceisiai ef
hyrwyddo hawliau 'r esgobaeth honno, a chysylltwyd enw
Teilo â Llandaf, er nad oedd a wnelai â 'r rhan honno o 'r
wlad yn wreiddiol.   Digwydd fersiwn o'i Fuchedd yn
LL 97-117, ac un arall a gyfetyb yn bur agos iddi yn Cotton
Vespasian A. xiv ; gw. Loth, A Bret ix. 81-85, 278-86,
438-46, x.66-77, a Doble ST ; hefyd LSD 87-89.

Yma cyfeirir at Eludd fel disgybl i Ddewi ; felly hefyd yn
10.7 isod. Yn LL 100 deallwn fod y ddau sant gyda'i gilydd
yn Nhyddewi.

Ismael. Ychydig iawn a wyddys amdano. Ym Muchedd
Teilo yn LL (115) dywedir mai ef a ddilynodd Dewi yn
esgob yn Nhyddewi. Mae nifer o eglwysi yn dwyn ei enw ym
Mhenfro ; hefyd Llanismel yn Sir Gaerfyrddin.   Diau mai
yn Nyfed yn bennaf y ffynnai ei gwlt.

7   **Hodnant** 'Hoddnant,' Gwynfardd *Hotnant* (HGCr 50.228);
cf. Cern. *Hethenaunt*, gw. RC xxxvii.162.   Rhaid ei fod yn
enw cyffredin ar Lyn Rhosyn ymhlith y Cymry ; cf. Llad.
*Rosinam Uallem, quam uulgari nomine Hodnant Brittones
uocitant* ' Glyn Rhosyn, yr hwn a eilw 'r Cymry wrth yr enw
cyffredin Hoddnant,' VSBG 155. Digwydd ym Muchedd
Illtud (SI 17) lle y dywedir ei fod yn golygu *vallis prospera*
yn Lladin : yno dynodir Llanilltud Fawr yn sicr (ib. 34).
Fe'i ceir yn enw ar nant fechan yn Sir Faesyfed (EANC
151-2) ; hefyd Blaen Porth Hodnant yng Ngheredigion,
RBB 298.25, gw. HW ii.434n., BTy. P20² 168.

Gallai *nant* gynt olygu glyn neu ddyffryn, ac yma y mae
Hoddnant yn enw ar y glyn yn hytrach nag ar yr afonig a
lifai drwyddo.   Yr elfen gyntaf yw *hawdd* yn yr ystyr
' dymunol, hawddgar, tawel ' : lle felly oedd Glyn Rhosyn.
Gw. ymhellach R. J. Thomas, EANC 151-3.

7-8 **Kyntaf lle . . . y kynneuassant wy dan vu yno.** Cawn
yma atgof o'r ymgiprys a fu rhwng cenhadon y grefydd
newydd a gweinidogion yr hen grefyddau paganaidd,—y
Derwyddon. Disodlwyd y rhain gan y 'Seintiau,' ond nid ar
unwaith. Am gyfnod bu cryn ymrafael a rhyw gymaint o
gyd-fod a chyd-fyw. O'r diwedd fe ddarfu am yr hen
gyfundrefn, eithr nid heb adael peth o'i lliw a'i llun ar y
newydd. Etifeddodd y 'Seintiau' lawer o arferion a hawliau 'r
hen Dderwyddon, a hefyd eu tiroedd. Mae'n arwyddocaol
fod llawer o'r helyntion y cawn sôn amdanynt ynglŷn â
hawl ar dir. Mae mwy nag un cyfeiriad at hyn yn y Buchedd-
au Gwyddelig. Yn fynych, fel yma, fe gyfyd y gwrthdaro
drwy fod y sant yn cynneu tân. Ymestynnai ei awdurdod
cyn belled ag y cerddai'r mwg : hefyd yr oedd y weithred o
gynneu tân mewn lle arbennig yn arwydd o ymsefydlu
ynddo, ac o fynnu'r hawl iddo. Gw. VSH i.clxv-clxvii,
RC xlv. 155-6.

Cymharer yr hanes a gawn yma â'r helynt a fu rhwng
Padrig a derwyddon y Brenin Loegaire. Y noson cyn y Pasg
ar ôl glanio yn Iwerddon, cyneuodd ef a'i gymdeithion dân
ar fryn Slane. Canfuwyd y tân o Tara, a cheisiodd y brenin
ynghyda rhai o'i wŷr a'i dderwyddon ddifetha Padrig ; eithr
fe'i trechwyd gan ddewiniaeth ragorach y sant, gw. LSP
104-6, hefyd 302-3. Felly Dewi yma : nid am ei fod yn fwy
o sant, ond o achos ei ragoriaeth fel dewin y llwydda i
orchfygu Boia.

9 **y bore glas** ' y bore bach ' ; hynny yw, yn gynnar yn y
bore.

11 **pryt gosper** ' yr hwyr.' Daw *gosper* o'r Llad. *uesper-*, gw.
EL 39.

12 **Boya.** Llad. *satrapa magusque, Baia uocatus* ' pennaeth a
derwydd a elwid Baia ' ; Gwynfardd a Gerallt *Boia* (gw.
HGCr. 50.229, *Opera* iii.387). Yr oedd yr enw *Boia* yn hysbys
yng Nghernyw yn y ddegfed ganrif, achos fe ddigwydd
droeon yn Llsgr. Bodmin o'r Efengylau (gw. Förster :
Miscellany offered to Otto Jespersen. Copenhagen, 1930 ;
tdau. 88, 92, 93, 94). Enwir *Boius* fel un o ddisgyblion Paul
o Léon (SPL 42) ; gw. Rhŷs AC xii (1895) 20-21, hefyd G. 70.
Cyfeirir at Boia ym Muchedd Teilo (LL 100-1), ond heb ei
enwi. Yno dywedir mai tywysog o blith y Ffichtiaid (*picti*)
oedd : ar ôl ei lwyr drechu, mae'n ymostwng i dderbyn
bedydd (LSD 54-55). Amrywiad ar Boia yw'r Bwya sy'n
digwydd yn yr enw Clegyr Fwya, enw ar graig prin filltir i'r
de-orllewin o Dyddewi. Mae yno olion hen amddiffynfa, a
diau mai dyma'r graig uchel y dywedir fod Boia yn eistedd
arni, gw. LBS ii.298, ac AC iii (1903) 1-11, cii. (1952) 20-47.

Yscot Gwyddel ; atgof am y sefydliadau Gwyddelig yn
Nyfed yn y canrifoedd cynnar, ac am y gyfathrach agos â'r
Gwyddyl a adlewyrchir drwodd a thro ym Muchedd Dewi,
gw. HW i. 121, SCSW 19-20.

ll.

13   **o lit** ' gan lid, yn llidiog.' Cyffredin mewn CC yw'r
defnydd o'r arddodiad *o* mewn ymadroddion adferfol sy'n
dynodi dull neu achos : a phaub en vuyd idav *o ovyn ac
ergryn* BBCS ix. 147.9, canu er antem honn . . . *o dihewydys
vryt* x.23.36.

15   **medrawd arno.** Ystyr *medru ar* yma yw taro ar, dod ar
draws rhywun ar ddamwain.

16   **Dioer** ; ebychiad yn dynodi ' yn wir, yn ddiau ' neu'r
cyffelyb. Daw o *Dyw a wyr* (> *Diwyr* > *Dioer* > *Dįoer* ;
am *wy* ac *oe* yn ymgyfnewid cf. *wyth | oeth, mwy | moe*).
Unsill yw gan y beirdd, gw. G 363.

20   **Yr wyt yn ynvyt.** Yn ôl y Gymraeg Boia sy'n ynfyd.
Gwahanol yw'r Llad. : *Cui coniunx in insaniam versa*,
' *Surge* ' *inquit* . . . ' Ac wrtho, ei wraig wedi ei gyrru'n
ynfyd a ddywedodd ' *Cyfod* . . .' Y wraig felly oedd wedi
ynfydu. Fe'm temtir i awgrymu mai'r hyn a geid gan y
Cymro yn wreiddiol oedd ' Heb y wreic a yrrwyt yn yn-
vyt . . .' Yn ôl rhai fersiynau o'r Fuchedd Ladin, yn ddi-
weddarach na hyn yr aeth y wraig yn ynfyd, sef yn union
cyn iddi ddiflannu (td. 9), gw. CLlGC ix.11n., LSD 92.

y vyny ' i fyny.' Collwyd *-dd* mewn rhai ffurfiau o gyfnod
pur gynnar. Aeth i golli'n llwyr yn 3 llu. yr arddodiad ac yn
2 un. pres. myn. y ferf ; gw. GCC 7. Yng nghyfnod HG cawn
yn y Computus (BBCS iii.256) *issi* ' yssydd ' a *triti* ' tryd-
ydd.' Cyffredin mewn CC yw *eiste* am *eisted*, gw. WG 181 ;
ond *eisted* a gawn yma, gw. yr Eirfa.

23   **ysgwieryeit** : llu. *ysgwier* ' *esquire*, gwas,' benthyg o'r
Saesneg, gw. EEW 149. Mae digon o enghreifftiau ohono
mewn CC, e.e. GDG 135.40, 255.33, IGE 28.65. Cf. hefyd
ysqwier RM 269.19 (=*yscuer* WM 417.15), *ysquiereit* Hg.
MSS ii. 71.32, 37, 72.2.

ar uedwl ' gan fwriadu.' Cf. dyuot *ar uedwl* medi honno
PKM 59.18, y doeth Aigolant at Chyarlymaen *ar uedwl* y
uedydyaw YCM 20.15, a'e ossot yn y gist, *ar vedwl* cadw y
kaws ChO 14.4, ac a gymerassant y gwyr ac a'e rwymassant,
ar uedwl eu hanuon idaw allan ChSDR 58.433, ymbaratoi a
oruc *ar uedwl* ymwan ac ef SG 27.21, o'r rei y kynnulleis
lawer y'm asgre, *ar vedwl* eu dwyn gennyf FfBO 56.29 ;
cf. *medylyawd* â'r ystyr ' bwriadodd ' 2.1 isod. Weithiau
mae'r ymadrodd yn dwyn ystyr ' gan ffugio, *under pretence
of* ' : Kychwyn a oruc Lunet *ar uedwl* mynet y lys Arthur
WM 243.19, dyuynnu yr holl bobyl y gyt, . . ., *ar uedwl*
gwneuthur tagneued y rygtunt CLlLl 4.17 ; gw. BBCS i.26.

8   1   **dygwydassant** ' syrthiasant.' Ffurf y berfenw mewn
CC oedd *dygwydaw*, cyfuniad o *dy* a *cwydaw*. Digwydd y
ferf seml *cwydaw*, a dynoda ' cwympo, syrthio,' hefyd
' bwrw, dymchwelyd,' gw. G 192. ' Syrthio, cwympo ' yw
ystyr arferol *dygwydaw* hefyd mewn CC ; *dam(ch)weinaw* a
ddefnyddir i ddynodi ystyron diweddar *digwydd*, fel yr
5.6, 9.18.

cryt ' cryd, crynfa,' yn y Llad. *febris* '*fever*.' Y meddwl yw ddarlod iddynt syrthio i grynfa, gydag *yn* yn dwyn ystyr ' *into*,' gw. BD lvi-lvii.

hyt na ' fel na,' canlyniad ; gw. GCC 151.

2   **y disgyblon** ' i'w ddisgyblion,' gw. GCC 34.

5   **bugelyd** ' bugeiliaid.' Dyma'r hen ffurf luosog ; ym Meibl 1588 lluniwyd lluosog newydd, sef *bugeiliaid*, gw. GPC 347.

6   **ry** : geiryn rhagferfol cadarnhaol, gw. GCC 122-3. Ni ddigwydd ond dwy enghraifft ohono yn y testun hwn, yma ac yn 9.21, ac yn y ddwy fe ddigwydd gyda berfenw.

ysgrybyl ; enw torfol yn dynodi'r holl anifeiliaid, fel yr eglurir yma ; gw. hefyd LlB 177.

7   **greoed** : llu. *gre* ' *stud*,' am nifer o feirch a chesig, gw. G 587, LlB 213-4.

11-12   **Sef y kawssant wy yn eu kyngor.** ' Dyma sut y penderfynasant,' neu ' Fel hyn y penderfynasant ' ; yna mynegir canlyniad yr ymgynghori. Cf. sef y kavas gwyr Rvvein yn eu kyngor am Bilatus y anvo(n) Ynys y Bont BBCS ix.46, Sef a gahat yn y kynghor, rodi Branwen y Vatholwch PKM 30.28.

19   **diosglwch awch dillat** : *diosc* ' diosg, dihatru ' ; ceir ffurfiau gydag -*l*- a hebddi, gw. G. 366.

Anfonir y merched yn noeth at Ddewi a'i wŷr er mwyn ceisio peri iddynt ymadael. Cawn gyfeiriadau eraill at weithredu o'r math yma gan dderwyddon a thywysogion gelyniaethus, gw. VSH i. clxvi n.2. Mewn chwedlau Gwyddeleg mae sôn am gael gwragedd noeth yn amddiffyn rhag y gelyn, ac edrydd Cesar am beth tebyg ymhlith y Galiaid, gw. RC xlv.159-64.

Yn ôl Buchedd Teilo yn LL Boia a barodd i'w wraig anfon ei llawforynion at y seintiau, a dywedir iddynt fynd yn wallgof (LL100, LSD 55). Yn ôl Gwynfardd aethant i'w hangau :

Ellygwys gwraget eu gwrecysseu,
Rei gweinyon noethon aethan uateu.
Ygwerth eu gwrthwarae gwyrth a oreu,
Kertassant gan wynt ar hynt agheu. (HGCr 51.233-6).

24   **Ponyt.** ' Onid,' hefyd 10.17 ; gw. GCC 117.

9   2   **Alun,** sef yr afonig a lifa drwy Glyn Rhosyn, bellach Alan ; gw. LSD 91-92.

7   **dihaedaf.** Prin iawn yw'r enghreifftiau o'r ferf hon. Rhaid mai cyfuniad yw o *di*- (<*dē*) neu *dy*- (<*do*, cf. *dyfod*) a *haedu*. Am yr olaf gw. ar 15.15 isod. Fe ymddengys mai'r ystyr sylfaenol yma yw ' cyrraedd, dod o hyd i,' yna ' chwilio ' ; gw. Vendryes, RC xlv.170, a G 350, lle y cyfeirir at *dîadd pen, d. crys, d. chwain* yn nhafodiaith y De. Yn y Llad. ceir *uolo enim cirros tuos leniter inuestigare* ' oblegid dymunaf yn addfwyn chwilio dy wallt ' (cudynnau)' VSBG

156.35. Am gyfeiriadau yn llên y Gwyddyl at chwilio pen gw. RC xlv.168.

9   **llad penn y vorwyn santes.** Dyma enghraifft o *llad* yn yr ystyr ' torri,' hefyd 9.20. Cf. Ac yna y peris Bendigeid-uran *llad* y benn PKM 44.28.

Diau mai fel aberth i ddyhuddo llid y duwiau y bwriad-wyd y weithred hon gan wraig Boia, gw. LBS ii.297, RC xlv.164-9.

10   **dyġwydawd.** ' syrthiodd,' gw. ar 8.1 uchod.

10-11   **yd ymdanġosses ffynnawn.** Am ffynnon iachusol yn tarddu o'r fan lle syrthiasai gwaed morwyn a ferthyrwyd drwy dorri ei phen, cymharer yr hanes am Gwenffrewi ym Muchedd Beuno, ac yn *Vita Sante Wenefrede*, gw. VSBG 18-19, 290-3 ; hefyd Ffynnawn Digiwc ym Muchedd Beuno, ib. 20.

12   **Ffynnawn Dunawt.** Llad. *Martirium Dunawt*, sef Merthyr Dunawd. Nid oes un o'r ddau enw yn hysbys o gwmpas Tyddewi, er mai yn y cylch hwn, yn ddiau, y bwriedir i'r ffynnon fod, gw. HWW 41.

Daw Dunawt o'r Llad. *Dōnātus* neu *Dōnātā*, a digwydd yn lled gyffredin fel enw personol ; am enghreifftiau gw. G 396. Yn ôl Gerallt *Dunaudus*, sef Dunawd, oedd enw'r gŵr a gyfododd Padrig o farw, gw. ar 2.21 uchod.

17   **medylyawd,** gw. ar 2.1 uchod.

sef y. Adferfol yw *sef* yma, a dynoda'r ystyron ' felly, yna,' gw. GCC 33.

18   **damchweinyawd.** ' digwyddodd,' gw. ar 5.6 uchod.

y elyn. Fe ddyry'r Llad. ei enw, *Lisci*, fab *Paucant* (neu *Paucairt* ?), gw. VSBG 157. Gan Gerallt (*Opera* iii.389) ceir *Leschi*. Digwydd Porth Lisgi yn enw ar gilfach a fferm i'r gorllewin o Borth Glais, gw. LSD 93, hefyd AC xii (1895) 20.

20   **y doeth tan o'r nef.** Gw. VSH i. cxxxviii am gyfeiriadau ym mucheddau 'r seintiau Gwyddelig at ddwyn tân o 'r nef.

22   **Satrapa.** Methodd y Cymro yma. Ystyr *satrapa* yw ' pennaeth,' ac yn y Llad. disgrifir Boia fel *satrapa magusque*, gw. ar 7.12 uchod. Gwell oedd gadael gwraig Boia megis gwraig Lot yn ddienw !

23   **manachlawc.** Rhaid bod y gair hwn neu air o gyffelyb ystyr wedi ei golli mewn testun cynnar. Yn wahanol i 'r Llad. ni wna'r Cymro ond crybwyll am y sefydliad mynach-aidd yr oedd Dewi yn bennaeth arno : ni cheir mo'r disgrifiad manwl o reol buchedd y mynaich yn Nhyddewi (VSBG 157-9, LSD 12-16).

23-24   **Glynn Hodnant,** gw. ar 7.7 uchod.

24   **dim dwfyr, onyt ychydic o dwfyr redeġawc.** Gw. amrywiadau ar waelod td. 10. Mae'r holl destunau yn ffwndro yma, a diau fod y bwnglera yn mynd yn ôl i destun cynnar sy'n gynsail iddynt oll. Yn y Lladin fe geir a ganlyn : Locus iste . . . hyeme habet aquas, sed estate uix tenui riuulo fluuius illabitur ' Mae gan y lle hwn ddyfroedd yn y

Td. *ll.*

gaeaf, ond yn yr haf prin y llifa'r afon yn nant denau ' (VSBG 159).

10 2 **ffynnawn eglur.** Mae Gerallt (*Opera* iii.390) yn sôn am godi'r ffynnon hon yn Nhyddewi. Yn yr hen amser byddai yn llifo o win, ac yn ei ddyddiau ef, o laeth. Ymhellach, yn y *Disgrifiad o Gymru* fe ddywed : ' Ond ymddengys i mi ei bod yn werth sylwi y cytunir ei bod yn ffaith a brofwyd lawer tro, yn y lle cyntaf i'r afon hon lifo o win, ac yn yr ail le, i'r ffynnon a alwant ' Pistyll Dewi,' hynny yw, Pibell Dewi, gan mai megis trwy ryw bibell y mae'r ffynnon yn llithro i mewn i'r fynwent o du'r dwyrain, ddiferu gwaed yn ein hamser ni, hynny yw, tan breladiaeth Dewi 11 ' (GG 111), gw. hefyd LL 103.

Aml yw'r cyfeiriadau ym mucheddau'r seintiau at agor ffynnon, gan amlaf, drwy fod y sant yn taro'r ddaear neu'r graig â'i fagl, gw. VSBG 89, 181, 213, 245, 283 ; hefyd VSH i.cl. Nid anghyffredin, chwaith, yw sôn am droi'r dŵr yn win neu'n llaeth ; gw. VSH i. ci, hefyd 15.9 isod.

4-5 **y'r ryw wr hwnnw.** ' i'r fath ŵr â hwnnw.' Mewn CC defnyddir *ryw* (hefyd *cyfryw*), lle ceir bellach *math* ; gw. TC 82-86, GCC 60-61.

6 **Gweslan Escob,** gw. ar 6.19 uchod.

7 **Eliud,** gw. ar 7.5 uchod.

9 **rac sychet yr amser.** Ar gystrawen yr ansoddair cyfartal gyda *rac* gw. GCC 26. Ystyr *amser* yma yw ' tywydd ' ; felly *aimsear* mewn Gwyddeleg ac *amzer* mewn Llydaweg Diweddar. Cf. 'wynt a welynt yr *amser* yn tywyllu ac a welynt yr hin yn amrauael' ChCC 101.15-16. Felly, 'a'r tywydd mor sych' neu 'gan fod y tywydd mor sych.'

11 **Ffynnawn Gweslan a Ffynnawn Eliud.** Ni wyddys bellach am ffynhonnau yng nghylch Tyddewi yn dwyn enwau'r ddau sant hyn, gw. LSD 101, HWW 208.

14 **ymysc hynny.** ' yn y cyfamser,' gw. GCC 56.

Aedan Sant, gw. ar 7.5 uchod.

15 **Dinas Gwernin,** Ferns yn Swydd Wexford. Yn y Llad. dywedir i Aeddan sefydlu mynachlog yno ar ôl cwpláu ei addysg yn Nhyddewi, gw. VSBG 160.

19 **Neur** : cyfuniad o *neu* a *ry,* dau eiryn rhagferfol cadarnhaol ; gw. GCC 114.

20 **deryw,** 3 un. pres. myn. *daruot,* â grym amser perffaith. Gyda'r ferf fe ddefnyddir yr arddodiad *y,* a daw hwnnw o flaen y goddrych rhesymegol, neu'r goddrych yn ôl yr ystyr ; y goddrych gramadegol yw'r berfenw *gwneuthur,* gw. BBCS xvi.83, GCC 96-97. Gyda'r geiryn *neur* prif swydd *deryw* yma yw gweithredu fel berf gynorthwyol i ddynodi ystyr berffaith : ' y mae tri o'i dylwyth wedi gwneuthur ei frad.'

22 **o'e** : ' i'w,' gw. GCC 34.

23 **ymoglyt** : ' osgoi, gwarchod rhag,' cf. na dichawn dyn *ymoglyt* y drwc yn wastat Hg.MSS ii. 69.26. Fel berf gyflawn y digwydd yn PKM : Canys guell uyghof i wrth *ymoglyt* no'r

teu di 86.17. Cynnwys *ym-* (atblygol) + *goglyt*, amrywiad
ar *gochlyt* (*go-* + y gwreiddyn *cel-* sy'n digwydd yn *cel-af*, *-u*
+ *-yt*), gw. WG. 391.

11   1   **pa delw** : ' pa fodd, pa sut, *how?* ' Cf. *pa delw* y gellit dy
lad ditheu ? PKM 86.24.

2   **ac yma nyt oes long yn barawt.** Anfoddhaol yw'r
darlleniadau a ddyry'r amrywiol destunau (gw. amrywiadau
ar waelod y td.), ac awgrymaf mai dyma'r darlleniad
gwreiddiol. Yn Llsgr. Lincoln 149 ceir : ' Nulla enim *hic*
navis parata est,' gw. ClIGC ix.12.

4   **Scuthyn** : Scuithin, un arall o 'r seintiau Gwyddelig a fu 'n
ddisgybl i Dewi. Yn y Llad. y ffurf yw *Scutinus*, a dywedir
bod *Scolanus* yn enw arall arno (VSBG 160) ; â'r olaf cym-
harer Bed Yscolan isod (ll. 13).

drwod : ' drosodd,' felly yn ll. 9 isod ; gw. PKM 185.

5   **yr oedit yn y erchi idaw** : enghraifft o gymal perthynol
â'r rhagflaenydd heb ei fynegi, gw. GCC 47.

8   **anghenuil o'r mor**, Llad. *belua*, gw. LSD 103. Ym
Muchedd Aeddan dywedir i'r sant hwnnw groesi'r môr yn
ôl i Iwerddon o Dyddewi ar gefn anifail (*magnum animal*),
ar ôl iddo fod yn ymweld â Dewi cyn ei farw. Rhoes Dewi
orchymyn iddo fynd ar gefn yr anifail cyntaf a welai ar y
traeth, gw. VSH ii.153. Mewn nodyn yn MOC(40) adroddir
am Sguthyn yn rhodio ar y môr, gw. *Slover* 109.

9   **duw Pasc.** Ar duw ' dydd ' gw. GCC 20, L & P 171.
y holl vrodyr : ' i'w holl frodyr ' : ar *y* = ' i'w ' gw.
GCC 34.

13   **Bed Yscolan.** Nid oes dim yn hysbys am y lle hwn. Ar
Yscolan gw. BBCS vi.352, GDG 486-7.

14   **mynet dwylaw mynwgyl idaw.** Cyffredin yw'r
ymadrodd mewn rhai testunau CC am gofleidio neu groes-
awu : ystyr *mynwgyl* yw ' gwddf,' gw. ChCC 208.

15   **ansawd** : ' cyflwr ' yma, gw. GPC 156.

17   **o gwbyl** : ' yn llwyr, yn gyfan gwbl,' gw. GCC 68.
Sylwer fod yr ymadrodd yn digwydd mewn brawddeg
gadarnhaol, yn wahanol i'r arfer bellach.

18   **ar neilltu** : ' o'r neilltu, ar wahân,' gw. BBCS xiii.74,
xv.204.

21   **diolwch** : dyma'r ffurf gysefin, o *di-* a *golwch*, gw.
BBCS ii.125. Yn ddiweddarach troes yn *diolch*, cf. *onid* >
ond, *myned* > *mynd*, *llonaid* > *llond*, etc. ; gw. WG 55-56.

12   6   **synnyaw arnaw** ' synnu, rhyfeddu,' hefyd 12.13, 19.17
isod ; gw. BBCS i.107, xv.11. Fe sylwir fod y goddrych
rhesymegol, sef y sawl sydd yn synnu, dan reolaeth yr
arddodiad *ar*, sy'n rhan o gystrawen y ferf.

gwydyat ' gwyddai.' Am y terf. *-(y)at* gw. GCC 82.

10   **y bu allmarw.** Llad. *misera morte uitam finiuit* ' terfyn-
odd ei heinioes drwy farwolaeth druenus (VSBG 160). Am
allmarw, cf. ' a 'e dyfwrw a gaflach blaenllym a 'e vedru y

y lygat, hyt pan aeth y'r gwegil allan, ac ynteu yn *allmarw* y'r llawr', WM 124.33-36.

11   **enkyt** ' ennyd,' gw. PKM 127, G 476.

11-12   **yr amrant ar y llall,** y naill amrant ar y llall. Wcithiau **ni** ddigwydd ond yr enw yn y neillog cyntaf, gw. GCC 58. Yr ystyr yw ' ar drawiad amrant.'

12   **a thorri . . . a syrthyaw.** Sylwer ar y defnydd o'r berfenwau yn lle berfau pendant, gw. GCC 108.

15-16   **y rwng y ffreutyr.** Awgrymaf mai dyma'r darlleniad gwreiddiol : neidiodd rhyw gopïwr cynnar o un *y* (*y rwng*) i'r *y* ddilynol (*y ffreutyr*). Yn Llad. ceir *qui erat in nido suo in fraxino, quę erat inter refectorium et amnem ad austratem plagam* ' a oedd yn ei nyth mewn onnen a oedd rhwng y ffrẻutur a'r auon tua'r ochr ddeheuol ' (VSBG 160).

Y ffreutur oedd yr ystafell fwyta yn y fynachlog.

13   1   **rodi ġwedi ar.** Cf. *dodi gwedi ar* yr Arglwyd yn y megys hwnn YCM 59.14.

     hyt na ' fel na,' pwrpas ; gw. GCC 151.

3-4   **holl lauurwyr yr ynys honn.** Nid oes sôn amdanynt yn y Llad. ; sylwer mai hyd y drws y dônt hwy !

4-5   **Sened Vrefi.** Yn y Llad. cysylltir y Senedd â heresi Pelagius (c. 400, gw. HW i.106), a cheir sôn am ail senedd, *cui nomen Uictorie* (VSBG 166). Mae Bede yn sôn am ddau ymweliad â Phrydain gan Germanus o Auxerre yn 429 a 447 i wrthwynebu'r heresi ac i sicrhau goruchafiaeth y Ffydd Uniongred, gw. BEH 24-32. Go brin, fodd bynnaȝ, fod sail hanesyddol i'r ddwy senedd y sonia Rhigyfarch amdanynt. Fel y dywed Mrs. Chadwick : ' We must insist that our only authority for such synods is the late eleventh-century work of Rhigyfarch, which here reads suspiciously like an echo of Constantius's *Life of St. Germanus,* a work by which Rhigyfarch would seem to be directly influenced ' (SEBC 139), ond gw. hefyd MacNeill ' Penitentials connected with St. David ' RC xxxix.274-7. Ym Muchedd Samson sonnir am wahodd y sant hwnnw i senedd a'i urddo'n esgob, gw. LSSD 43-46.

Mae Brefi yn enw ar y nant fechan, tua phum milltir o hyd, a red i mewn i'r Teifi. Yn y Llad. fe 'i rhoddir fel enw ar y lle : *loco, cui nomen Breui* (VSBG 164) ; felly hefyd ym Muchedd Cadog, lle cawn sôn am y Senedd : *in Ciuitate Breeui* (ib. 54). Gw. G 73, LSD 108-9, EANC 129-30.

5   **athrawon,** gw. ar *athro* 5.6 uchod.

     brenhined, llu. *bren(h)in* : *-ed* (≡ *-edd*) oedd y terfyniad arferol mewn CC, ond digwydd un enghraifft o *-oet* (≡ *-oedd*) yn Llyfr Du Caerfyrddin ; gw. G 75, GCC 19.

7   **ysġwieryeit,** gw. ar 7.23 uchod.

     crefydwyr : ' clerigwyr, gwŷr mewn urddau,' gw. G 171.

7-8   **heb allu rif arnadunt** : ' heb fod modd eu rhifo.'

9   **amot** : ' cytundeb, cyfamod ' yma, gw. GPC 97, CA 75.

11   **pennadur,** Llad. *metropolitanus archiepiscopus.*

13   **bob eilwers** : ' bob yn ail, yn olynol.' *gwers* ' tro, ysbaid,'
      cf. ys *gwers* yd wyf yn keissaw a olchei vyg cledyf WM 244.8.

15   **o g̀wbyl**, gw. ar 11.17 uchod.

17   **a allo preg̀ethu.** Fel rheol ni threiglir y gwrthrych ar ôl
      y 3 un. pres. dib. mewn CC, gw. GCC 11, TC 187, 213.

20   **ac y** : a chymal canlyniad yn dilyn ; bellach ' fel y,' gw.
      GCC 25-26, hefyd BD xli.

21   **Pawlinus Sant**, gw. ar 5.4 uchod.

14   1   **kedymdeith**, bellach *cydymaith*. Daw o *cyt-* ac *ymdeith*
           (≡ymddeith) ; ar golli'r *-dd-* cf. (*y*) *ymdeith* > *ymeith*,
           ymaith, gw. WG 438.

8-9   **yn Ruuein a urdwyt yn archescob.** Yn Llsgr. Cotton
          Vespasian A xiv dywedir iddo gael ei wneud yn esgob gan y
          Patriarch yn Jerwsalem, lle yr aethai ar bererindod yng
          nghwmni Teilo a Phadarn (VSBG 163-4), ond nid oes sôn am
          ymweliad â Rhufain nac am ei urddo yno. Mae testun
          Llsgr. Lincoln 149 yn cytuno â'r Fuchedd Gymraeg ;
          dywed Pawlinus iddo fynd i Rufain a darfod ei urddo'n
          archesgob yno : *ac deinde Romam pergens ibi archiepiscopus
          ordinatus est* (CLlGC ix.14). Mae Gwynfardd yn cyfeirio at
          ymweliadau o'r eiddo â Rhufain ac â Jerwsalem, eithr nid
          oes sôn am ei urddo :
                A chyrchu *Ruvein*, rann gyreifyeint.
                A gwest yn *Efrei*, gwst diamreint (HGCr 44.21-22).
          Felly hefyd Ieuan ap Rhydderch (IGE 227.43-56, 55-68).
          Ar arwyddocâd y gwahaniaethau hyn, gw. sylwadau Mrs.
          Chadwick yn SEBC 151-3.

9-10   **angel yn dyuot attaw**, gw. ar 6.20-21.

10   **y wlat** ' i'w wlat.'

11   **parchassei** ' cadwasai ' : ceir yma yr ystyr ' arbed,
          cadw ' a berthyn i *parc·o*, y gair Lladin y daeth *parch* ohono,
          gw. EL 44.

          Demetica, Dyfed.

12   **Mynyw yn y deheu.** Tyddewi, mae'n ddiau, a feddylir ;
          yr hen enw arno oedd *Mynyw* (Llad. *Menevia*). Mae'n
          arwyddocaol, fodd bynnag, na ddefnyddir yr enw gan
          Rhigyfarch : *Vallis Rosina* a ddyry ef. Tebyg bod *Mynyw*
          ryw dro yn enw ar le arall, Hen Fynyw efallai ; gw. ar
          Vetus Rubus 4.22. Yma cyfeirir at Dyddewi fel ' Mynyw
          yn y deheu,' atgof o Fynyw arall enwocach, hwyrach, ar un
          adeg. ' It would seem therefore that the name *Mynyw* was
          transferred to *Vallis Rosina* in Dyfed from an original
          Mynyw, which later came to be called *Hen Fynyw* ' (SEBC
          155).
          Diddorol yw'r ffurf *mynyw*. Mewn HG cawn *miniu* gan
          amlaf (gw. LHEB 378), hefyd *mineu* (ib.). Yn yr *Annales
          Cambriae* am 601 cawn ' Dauid episcopus *moni* iudeorum '
          (*Cymmr*. ix.156). Awgrymodd Loth (RC xxxvii.315-6) y
          dylid darllen *moniu deorum*, ac ymhellach fod *deorum* am
          desorum, ffurf enidol lu. Ladin ar *Déssi*, enw'r llwyth

Gwyddelig a ddaeth i Ddyfed yn rhan olaf y drydedd ganrif, gw. ar 3.11-12 uchod (am gynnig arall gw. E. W. B. Nicholson, ZCP vi.447-8). Felly dyma ffurf arall, *moniu*. Mae'r Lladin *Menevia* yn ffurfiad o'r gair Cymraeg.

Ni ddigwydd y Lladin *rubus* am Dyddewi, er bod Dinas Rubi yn digwydd yn y Fuchedd Gymraeg, 14.15, 18.20 (cf. hefyd *Vetus Rubus*, gw. uchod). Nid yw *rubus* ond cyfieithiad o'r Gymraeg *mynyw* : arno gw. L & S ' *a bramble-bush, blackberry-bush,—a blackberry* ' ; hefyd LTBL 275 ' *Ensemble d'arbrisseaux à tiges épineuses non culturés.*' Nid oes enghraifft hysbys o *mynyw* fel enw cyffredin, ond mewn Gwyddeleg cawn yr enw cyffredin *muine*, ffurf a gyfetyb i'n *mynyw* ni yn ôl Loth (RC xxxvii.315). Ar y gair Gwyddeleg **gw.** *Contributions* M 189 '*A brake or thicket, generally applied to thorn-brakes or bushes, occas. of groves of trees.*' Digwydd *múine* fel glos ar *rubus* (Ir Gl 81), a chyfetyb i *rubus* yn *Lat. Lives* 18. Yr enw ar Dyddewi ym mucheddau'r seintiau Gwyddelig yw *Cell Muine* 'Cell (Eglwys) Fynyw' (gw. BNE ii. 14, 17, 178, 180, 201, 205, 223). Rhydd Gerallt yntau *Kil-muni*, a mynn mai o'r Wyddeleg *muni* y cafwyd *mynyw* (*Opera* iii.384).

Anodd dweud beth yw tarddiad y ffurf *mynyw*. Ansicr yw Jackson ynglŷn â'r gwreiddyn (LHEB 378), ond mae'n awgrymu'r terf. *-ouįā* a'r ffurf dybiedig Frythoneg *Monouįā*. Dylid hefyd ystyried awgrym Mr. R. J. Thomas (BBCS viii. 37-38) fod modd ei gysylltu ag enwau megis *Manaw* (a *Manaw Gododdin*), *Môn*, *Menai*, a *Mynwy* ; hefyd enwau'r llwythau *Menapii* (o diriogaeth Gallia Belgica) a *Menapioi* (de-ddwyrain Iwerddon), gw. ACS 543-7. Deallwn oddi wrth Ptolemy fod y *Menapii* yn Iwerddon cyn y cyfnod Cristnogol. Croesasant, mae'n bur debyg, o Brydain, a hwyrach fod yr enwau *Mynyw* a *Mynwy* yn atgof o'u trigiant ryw dro yn y parthau hyn (gw. IW 21, 42-43).

13   **pregethu o.** Cf. *traethu o*, 1.1 uchod.

15   **Dinas Rubi**, Tyddewi ; gw. uchod ar *Mynyw yn y deheu*, ll. 12.

22   **kytuundeb** 'cytundeb.' Bellach cywasgwyd y ddwy *u* yn un : cf. *kyttuun* 18.1 isod, *duunaf* PKM 23.13, *duunaw* 53.5 ; gw. GCC 3. Cynnwys y ffurf *cyd-* + *duundeb* 19.6 (< *dy* + *undeb*).

23   **y deu sant bennaf.** Mewn CC treiglir ansoddair yn gyson ar ôl y deuol, hyd yn oed pan fo'r enw yn wrywaidd, e.e. *deu varch uawr* SG 88.35 ; gw. GCC 11-12, TC 61-62.

15   1   **Deinyoel** : Deiniol, nawddsant Bangor a sefydlydd nifer o fynachlogydd. Yn ôl *Bonedd y Saint* (VSBG 320) yr oedd yn fab Dunawd Fawr, fab Pabo Post Prydein ; yn ôl yr *Annales Cambriae* bu farw yn 584, eithr fe ddichon fod y dyddiad hwn yn rhy hwyr. Dywedir yn LL 71 mai Dyfrig a'i hurddodd yn esgob. Gw. LSD 109-10, BC 154-5.

I Wynedd y perthyn Deiniol yn bennaf, eithr fel y

dangosodd y Parch. Silas Harris (JHSCW v.5 yml.), fe fu iddo gysylltiad â Phenfro hefyd.

Dubricius : Dyfrig. Perthynai i ddiwedd y bumed ganrif a dechrau'r chweched, ac fe'i cysylltir â de-ddwyrain Cymru, yn arbennig â gorllewin a de Henffordd. Diau ei fod ymhlith y cynharaf o'r seintiau Cymreig. Mae sôn amdano ym Muchedd Samson (dechrau'r seithfed ganrif), lle cyfeirir ato fel esgob a'i gysylltu â Llanilltud Fawr ac Ynys Bŷr (Caldey). Goroesodd tair ' buchedd ' iddo, a'r gynharaf yw honno yn LL lle ceisir ei gysylltu ag Esgobaeth Llandaf. Adroddir am ei eni gwyrthiol mewn lle o'r enw *Matle* (Madley yn Henffordd), a dywedir ei fod yn fab i Efrddyl ferch Peibio, frenin Ergyng (gw. ar 6.10 uchod). Sefydlodd fynachlog ac ysgol enwog yn *Hennlann* (Hentland-on-Wye, yn agos i'r hen sefydliad Rhufeinig, *Ariconium*, Ergyng). Yna ymhen saith mlynedd symudodd i'w fro enedigol, i *Mochros* (sef Moccas), lle y bu am flynyddoedd lawer. Ar derfyn ei oes ymneilltuodd yn feudwy i Ynys Enlli, ac yno y claddwyd ef. Dywedir ddarfod cludo ei weddillion i Landaf ym Mai 1120. Arno gw. Doble SD.

Rywbryd rhwng 1125 a 1130 anfonodd claswyr Tyddewi lythyr at y Pab Honorius II yn dadlau hawliau'r eglwys i safle archesgobol. Yn hwnnw dywedir mai Dyfrig a urddodd Dewi'n archesgob, a'i fod ef yn rhagflaenydd iddo yn y swydd honno, gw. SEBC 207-8, 241. Gwnaeth Sieffre Dyfrig yn archesgob yng Nghaerllion-ar-Wysg (BD 129), a dilynwyd ef yno gan Ddewi (ib. 161). Dyry Gerallt Gymro yr un stori, a dywed mai yng nghyfnod Dewi y symudwyd eisteddfa'r archesgobaeth o Gaerllion i Dyddewi (GG 103).

1-2   **A'r nos honno, kynn dyuot y kennadeu.** Cynigir y darlleniad hwn ar sail testun Llsgr. Lincoln 149 : *Ea vero nocte antequam venissent* (gw. CLlGC ix. 14-15). Am ddarlleniadau'r gwahanol destunau, gw. amrywiadau ar waelod y td.

3   **gwybydwch chwi y daw kennadeu yma auory.** Mae'r sant yn gwybod ymlaen llaw am ddyfodiad yr ymwelwyr. Ceir cyfeiriadau ddigon at ragwybodaeth o'r fath yn y Bucheddau Gwyddelig, e.e. VSH i.72 (Buchedd Bairre), 161 (Buchedd Cainnech), 249, 252 (Buchedd Coemgen) ; a gw. td. clxx.

9   **ar hynt** ' yn union, yn ddiymdroi,' gw. GCC 122.

14   **y'th aros** ' yn aros amdanat.' Defnyddir *aros* gyda gwrthrych uniongyrchol heb arddodiad mewn CC : *arhos* yr arwyd teruynedyc BD 9.24, y bu deu dyd yn *arhos* dyuotedygyaeth Goffar a'e lu 17.19 ; hefyd : y lle yr oedynt yn y *aros* 17.2 isod.

15   **haedu.** Gw. PKM 197, IGE 392, BY 95, a chymharer yr enghreifftiau canlynol : ef a *haydawd* anuod Duw BY 29.8, ef a *haydawd* eilweith y anuod a'y lit 39.25, perigyl yw y ny oll *haedu* y'anvod RC xxxiii. 225.12, ni allwn *haedu* y var

243.4. Yr ystyr yw ' cael, ennill, *obtain, incur.*' Cyffelyb yw
ystyr y Gernyweg *hedhes,* gw. CED 80. Bellach symudodd yr
ystyr; o olygu 'cael, ennill' yn syml, daeth y ferf i ddynodi
teilyngu cael neu ennill.

Digwydd *ar* gyda'r ferf, a cheir yr ystyr ' *reach* ' neu
' cyrraedd,' ffurf sy'n gyfansawdd ohoni : na *haedei arnaw* ef
namyn da PKM 41.8. Gw. hefyd ar *dihaedaf* 9.7 uchod, a
haedawd 18.17 isod.

17   **kedymdeithyon** ' cymdeithion,' gw. ar *kedymdeith* 14.1
uchod. Troes *kedymdeithyon* yn *kedymeithyon* FfBO 38.3
(cf. *ymdeith* > *ymeith*). Collwyd y sillaf wan yn union o
flaen yr acen a chael *cydmeithion* (gw. WG 54), ac yn olaf
cafwyd *cymdeithion* drwy drawsosodiad. Helpid y newid
gan y ffurf *ymdaith, ymdeithio.*

16   1   **y hun mab** ' ei hunig fab.' Fe ddyry'r Llad. ei enw, sef
Magnus, ffurf a roesai *Maen* yn Gymraeg (gw. CLlH 7.42[a]).
Awgrymir yn LSD 111 fod yr enw yn digwydd yn *Llandyfán,*
enw ar eglwys ac ardal yn agos i Landeilo Fawr, Sir Gaer-
fyrddin (a *Tyfán* yn ffurf dafodieithol ar *Tyfaen,* ffurf
anwes ar *Maen* gyda'r rhagddodiad *Ty-* ; gw. hefyd ST 47,
LBS ii. 394). *Magna* yw'r ffurf a geir gan Gwynfardd :
    A Dewi a'e goruc, gwr bieifyt,
    Magna uab yn vyw a'e uarw deudyt (HGCr 47.124-5).
Felly Ieuan ap Rhydderch :
    Da y gwnai *Fagna* â'i fagl
    O farw yn fyw o firagl (IGE 228.77-78).

4   **kyssefyll** ' sefyll, *stop.*' Cf. Ac val y clywsant son y
pagannyeit. sef a wnaethant *kyseuyll* a gwarandaw HgMSS
ii. 67.13.

11   **ti a disgynneist.** Dylanwad cystrawen Ladin a gyfrif am
gytundeb person yma rhwng y ferf a rhagflaenydd y cymal
perthynol. Bydd y ferf, fel rheol, yn y trydydd unigol mewn
cymal perthynol goddrychol ; gw. GCC 39-40, CFG 68-69.

15   **eneit.** Gynt golygai *eneit* ' einioes ' neu ' fywyd ' yn
gyffredinol, gw. G 476.

    yn yr holl daear ' ar yr holl ddaear,' Llad. *in universa
terra.*

17   **petuei** ' petai,' o *pei yt* (≡yd) *uei* ; gw. GCC 154.

    herwyd ' gerfydd, *by,*' gw. GCC 127.

18   **y uam** ' i'w fam.'

20   **blwynyded** ' blynyddoedd,' gw. ar 1.7 uchod.

21   **o'r a welsant** ' o'r rhai a welodd.' Sylwer bod y ferf yn
lluosog : unigol yw fel rheol mewn cymal o'r math hwn ;
gw. ar l. 11 uchod.

17   3   **pan y gwelsant ef** : rhagenw mewnol yw'r *y,* nid geiryn
rhagferfol ; gw. GCC 36.

4-5   **A chyfarch gwell . . . a syrthyaw . . . ac erchi.** Sylwer
ar y gyfres o ferfenwau ; gw. ar *dywedut* 1.10 uchod.

6   **buassei bregeth,** ar y treiglad yn y goddrych ar ôl y
gorberffaith 3 un. gw. GCC 10-11.

Td. *ll.*

7   **ar dalym o amser** ' am ysbaid o amser.' Dynodi pwynt o
amser a wna *ar* fel rheol, ond cf. yr enghreifftiau canlynol :
gwedy trigyaw beuno ar tref y dat *ar dalym o amser* LlA
120.21, ket boet eissyeu arnav *ar dalym* BD 144.27 (=RBB
185.21), Pan vuassei charlymaen *ar dalym* yn twlws Hg
MSS ii. 33.10. Ar *talym* gw. 1.1 uchod.

13   **pregethu . . . o.** Cf. *traethu o* 1.1 uchod.

14   **megys llef corn eglur.** Cf. Ieuan ap Rhydderch :
Clywad ef, clau wawd ofeg,
Mal cloch yn Llandudoch deg (IGE 228. 87-88).

19   **y kyuodes y llawr hwnnw.** Mae sôn am ddigwyddiad
tebyg ym Muchedd Kentigern ; gw. Jackson SEBC 318.

22   **yr hwnn yssyd etto yn vrynn uchel.** Saif eglwys
Llanddewibrefi ar fryn uwchlaw'r afon Teifi.

23   **gwyrth.** Sylwer mai gwrywaidd yw ei genedl yma ; felly
YCM 173.11, GDG 3.16.

24-25   **Llanndewivrefi,** yn Sir Aberteifi: saif saith milltir i'r
gogledd-ddwyrain o Lanbedr Pont Steffan.

18   1   **kyttuun** ' cytûn,' o *cyd + duun* (< *dy + un*) ; gw.
kytuundeb 14.22.

3-10   **gan dywedut . . . Ynys Prydein.** Ni cheir y darn hwn
yn y Llad.

8   **Martin,** Martin o Tours (316-397). Ef oedd cychwynnydd
y mudiad mynachaidd yn y Gorllewin, mudiad a ysbrydol-
wyd gan sefydliad mynachaidd St. Anthony yn yr Aifft.
Yn 371 fe'i cysegrwyd yn esgob Tours, eithr dewisodd drigo
mewn cell y tu allan i furiau'r ddinas. Daeth ato ddis-
gyblion o bell ac agos, a bu ei ddylanwad yn fawr ledled
Gâl. Un o'i ddisgyblion oedd Ninian, y cyntaf i sefydlu
mynachaeth o'r math yma ym Mhrydain.

9   **Sampson,** St. Samson o Dol yn Llydaw. Mae ei Fuchedd
yn un o'r rhai cynharaf a ysgrifennwyd, a diau fod llawer o
fucheddau diweddarach wedi eu patrymu arni : fe'i hysgrif-
ennwyd tua 610-615 O.C.
Ganed ef tua 486 yn Ne Cymru. Hanoedd ei dad o
Ddyfed a'i fam o Went. Pan oedd yn ieuanc iawn, anfonwyd
ef i ysgol Illtud, ac yno yr ordeiniwyd ef yn ddiacon ac yn
offeiriad gan Ddyfrig. Aeth oddi yno i fynachlog Piro
(Ynys Bŷr, gyferbyn â Dinbych-y-pysgod), a daeth yn
abad y fynachlog ar ôl marw hwnnw. Dywedir iddo ymweld
ag Iwerddon, ac ar ôl dychwelyd anfonodd ei ewythr
Umbraphel yno i ofalu am fynachlog a roddesid iddo.
Ymneilltuodd dros dro i ogof yn agos i lannau Hafren, ac
yna daeth cais iddo ddod i senedd, lle y cysegrwyd ef yn
esgob. Ar ôl hyn fe'i cyfarwyddwyd mewn gweledigaeth i
ymadael â'i fynachlog. Aeth i Gernyw, lle y bu am gyfnod,
ac yna croesi i Lydaw. Yno sefydlodd fynachlog Dol, lle a
fu'n ganolfan gweithgarwch cenhadol dros Lydaw oll. Yr
oedd yn bresennol mewn Cyngor a gynhaliwyd ym Mharis

tua 557, ac yn ŵr o bwys yno. Bu farw yn Dol, ac yno y claddwyd ef.

Daeth cwlt St. Samson yn boblogaidd iawn yn y gwledydd Celtaidd yn fuan ar ôl ei farw. Bu Dol yn ganolfan yr Eglwys yn Llydaw, eglwys a gadwodd ei hannibyniaeth o'r chweched ganrif hyd y nawfed, er gwaethaf ymdrechion Tours i'w dwyn o dan ei hawdurdod hi. Nid cyn 1199 y cyhoeddodd y Pab (Innocent III) ddyfarniad pendant yn gwrthod hawl eglwys St. Samson i safle archesgobol. Digon tebyg felly oedd ei helyntion hi i eiddo Tyddewi. Gw. Taylor, LSSD xxx—xxxiv.

15   **adoli.** Digwydd *y* ' i ' yn fynych gyda'r ferf hon, fel yma ; gw. G 10, GPC 33. Ond mae digon o enghreifftiau mewn CC o'i defnyddio gyda gwrthrych heb yr arddodiad : yn *adoli* geudywyeu BBCS ix. 325.22, *adoli* prenn e groc 340.29, y *hadoli* v. 208.32, Nac *adola* duw arall vii. 378.6.

17   **haedawd.** Gw. ar *haedu* 15.15 uchod. Mae blas ' teilyngu ' ar *haedu* yma, eithr fe wnai'r ystyr ' cael, *obtain* ' hefyd y tro. Ansicr wyf.

19   **pob kyfryw dyn** : ' pob math o ddyn,' gw. GCC 61.
       o'r a, gw. ar 7.1 uchod.

22   **o Dyui hyt ar Deivi,** sef o Dywi hyd Deifi. Rhaid bod *Dyui* a *dyfi* LlA 115.27 yn fai am Dywi. Mae Gwynfardd yn disgrifio'r terfynau yn fanylach ; gw. HGCr 48.140-7, hefyd nodyn yr Athro Henry Lewis 191-2. Ni nodir y terfynau yn y Llad.

23   **a vo mwy** : ' yn fwy, ymhellach ' ; gw. GCC 147.
       yn ragor rac. Dyma'r gystrawen mewn CC ; bellach *rhagor na*, gw. GCC 70. Yr ystyr yw ' mwy na ' ; cf. am try chastell a adavssei y tat y Assaracus . . . yn *ragor rac* y vravd BD 5.6. Megys y rodes Duw pennaduryaeth . . . y Bedyr a Iago a Ieuan, yn *ragor rac* ebystyl ereill YCM 37.20.

19   6   **duundeb,** gw. *kytuundeb* 14.22.
       7   **y neb a dorrei nodua Dewi Sant** : torri noddfa Dewi fyddai ymyrryd â pherson neu fuddiannau a fai dan nawdd un o'r eglwysi neu'r mynachlogydd a berthynai iddo.
       9   **ysgolheiġyon,** llu. *ysgolheic* ' ysgolhaig.' Fe'i defnyddir yn gyffredinol am ŵr mewn urddau eglwysig, cyferbyniol i *lleyg* : *ysgolheyc a lleyc* 20.3 isod ; hefyd yn yr ystyr fanylach o glerigwr heb gwpláu ei hyfforddiant a'i urddo'n llawn. Gw. PKM 244-5, hefyd nodyn ar *athro* 5.6 uchod.
       13   **pan y mynnych,** gw. ar *pan y gwelsant* 17.3 uchod.
       17   **synnyaw arnunt,** gw. ar *synnyaw arnaw* 12.6 uchod.
       18   **yn yng ar hynny** : ' yn syth ar hynny, *close on that.*' Digwydd *yng* (CD *ing*, gw. WG 110) fel ansoddair ac fel enw (gw. CLlH 214, CA 252). Fel ansoddair dynoda ' agos, clos, cyfyng,' BD 148.25, GDG 256.26. Arno gw. ymhellach L & P 34. Mae *cyfyng* yn gyfansawdd o *cyf* ac *yng* : mewn CC digwydd hefyd *yngder* ' cyfyngder ' (*yng* a'r terf. -*der*) WM 478.25.

G

Td. *ll.*

21   **a vo hwy** : ' yn hwy ' ; cf. *a vo mwy*, 18.23, gw. GCC 147.

20   1   **ef a** : ' fe,' gw. ar 4.9.

1-2   **naw rad** : ' naw gradd ' : ar y treiglad gw. WG 168, TC 137.

2-6   **a decuet y daear . . . ġyt a thi.** Nis ceir yn y Llad.

3   **ysġolheyc,** gw. *ysgolheigyon* 19.9 uchod.

5   **croessan** : ' cellweiriwr, digrifddyn, *buffoon*,' gw. G 178, hefyd GDG 489. Rhydd D ' *mimus, histrio, obscaenus* ' amdano. Cyffelyb yw ystyr *crossan* mewn Gwyddeleg, gw. CIL 530, hefyd RC xiv.65, LSBL 388. Er ei gyplysu â phutain, rhy fentrus yw rhoi iddo ystyr ' *fornicator, puteiniwr* ' yma, fel yr awgryma Morris-Jones (LlA 276); ni chefais un enghraifft sicr ohono yn yr ystyr arbennig honno.

5   **hynny** : ' y rhai hynny,' gw. GCC 56.

7   **kymeint un.** Cf. ac eu llad *kymeint vn* YCM 24.15. Yr ystyr yw ' bob un, oll, i gyd ' ; gw. ChSDR 96, G 233, LlC v. 118.

18   **pan yw** : ' mai,' gw. GCC 52.

23   **neu yr offeiryeit.** Fe ymddengys bod rhyw air megis *griduan* wedi colli rhwng *neu* ac *yr* : cf. y Llad. *gemitum sacerdotum, rugitus discipulorum dicentium* (VSBG 168.18).

21   9   **hyneif** : ' hynafgwyr,' llu. *hynaf* ; gw. GCC 21-22.

12   **A'e ġyfryw** : ' a'e fath, a'e debyg.'

ġwedy ef. Digwydd *gwedy* o flaen rhagenw personol mewn CC, gw. GCC 126.

13   **Nys ġweles.** Yma ceir y rhagenw mewnol gwrthrychol '*s* er bod y gwrthrych yn dilyn y ferf : digwydd hyn yn ddigon mynych mewn CC, gw. GCC 36.

dyn. Gweithreda *dyn* yma fel rhagenwol, cyfystyr â *neb*, gw. GCC 71.

y sawl dynyon. Mae *sawl* yma yn ansoddeiriol : dynoda ' cymaint ' neu ' cynifer,' gw. GCC 64.

15   **o'r a,** gw ar 7.1 uchod.

22   **nyt ymwelwn ni** : ' ni welwn ni ein gilydd.'

22   7   **ynġkylch canu y keilyawc.** Llad. *ad pullorum cantus* (VSBG 168.9).

11   **y ġadawssei.** Mae'r *y* yn cynnwys y geiryn *y* a'r rhagenw mewnol 3 llu., gw. GCC 35.

14-17   **y ġyt a . . . am y byt.** Ni cheir dim yn y Llad. yn cyfateb i'r darn hwn, gw. CLlGC ix. 18-19.

22.17-23.15   Ni ddigwydd y darn hwn yn y Llad., ond cawn ddarn tebyg iddo yn ddiweddglo i Fuchedd Cybi ; gw. VSBG 248-51, CLlGC ix.19.

23   **anuundeb** : o *an-* + *duundeb*, gw. ar 19.6 uchod.

23   4   **da eu diodef,** da o ran eu dioddef ; ar y gystrawen gw. GCC 23.

10   **Ieuan,** Ioan ; gw. EL 12.

17   **bo, ġrymhao** : enghraifft o'r dibynnol yn dynodi un o ystyron y gorchmynnol, sef dymuniad yma ; gw. GCC 75-76.

Td.   *ll.*

19   **ar gaffel** : enghraifft o *ar* yn dynodi pwrpas neu amcan
        gyda berf yn dwyn ystyr gofyn, erchi, etc. ; felly ' er mwyn
        inni gaffel ' neu ' fel y caffom,' gw. BD li, CFG 135-6.

BYRFODDAU

AB	*Analecta Bollandiana.*
ABr	*Archaeologia Britannica*, Edward Lhuyd. Oxford, 1707.
ABret.	*Annales de Bretagne.* Rennes.
AC	*Archaeologia Cambrensis.*
ACS	*Alt-Celtischer Sprachschatz*, Alfred Holder. Leipzig, 1891—1913.
AI	*The Annals of Inisfallen*, Sean Mac Airt. Dublin, 1951.
ALKA	*Asser's Life of King Alfred*, W. H. Stevenson. Oxford, 1904.
AP	*Armes Prydein*, Ifor Williams. Caerdydd, 1955.
ASH	*Acta Sanctorum Hiberniae*, Colgan. Lovanii, 1645.
AU	*The Annals of Ulster* i, W. M. Hennessy. Dublin, 1887.
BBCS	*Bulletin of the Board of Celtic Studies.* Cardiff.
BC	*Y Bywgraffiadur Cymreig.* Llundain, 1953.
BD	*Brut Dingestow*, Henry Lewis. Caerdydd, 1942.
BEH	*Bede's Ecclesiastical History of the English Nation* (Everyman's). London, 1954.
BNE	*Bethada Náem n Érenn* i, ii, Charles Plummer. Oxford, 1922.
BR	*Breudwyt Ronabwy*, Melville Richards. Caerdydd, 1948.
BT	*The Book of Taliesin*, J. Gwenogvryn Evans. Llanbedrog, 1910.
BTy. P20[1]	*Brut y Tywysogyon, Peniarth MS. 20*, Thomas Jones. Caerdydd, 1941.
BTy. P.20[2]	*Brut y Tywysogyon, Peniarth MS. 20 Version* (cyf.), Thomas Jones. Cardiff, 1952.
BTy.RB	*Brut y Tywysogyon, Red Book of Hergest Version* (cyf.), Thomas Jones. Cardiff, 1955.
BU	*Barddoniaeth yr Uchelwyr*, D. J. Bowen. Caerdydd, 1957.
BY	*Y Bibyl Ynghymraec*, Thomas Jones. Caerdydd, 1940.
C	Cardiff.

CA   *Canu Aneirin*, Ifor Williams. Caerdydd, 1938.
CEB   *Christianity in Early Britain*, Hugh Williams. Oxford, 1912.
CED   *A New Cornish-English Dictionary*, R. Morton Nance. St. Ives, 1938.
CFG   *Cystrawen y Frawddeg Gymraeg*, Melville Richards. Caerdydd, 1938.
CIL   *Contributions to Irish Lexicography*, Kuno Meyer. Halle A. S, 1906.
CLlGC   *Cylchgrawn Llyfrgell Genedlaethol Cymru.*
CLlH   *Canu Llywarch Hen*, Ifor Williams. Caerdydd, 1935.
CLlLl   *Cyfranc Lludd a Llevelys*, Ifor Williams. Bangor, 1910.
Contributions *Contributions to a Dictionary of the Irish Language.* Dublin.
Councils   *Councils and ecclesiastical documents relating to Great Britain and Ireland*, Haddan and Stubbs. Oxford, i. 1869, ii. rhan 1. 1873, rhan 2, 1878.
CS   *Chronicum Scotorum*, W. M. Hennessy. London, 1866.
Cymmr.   *Y Cymmrodor.* London.
ChBr   *Chrestomathie Bretonne*, J. Loth. Paris, 1890.
ChCC   *Chwedlau Cymraeg Canol*, A. O. H. Jarman. Caerdydd, 1957.
ChO   *Chwedlau Odo* (arg. newydd), Ifor Williams. Caerdydd, 1958.
ChSDR   *Chwedleu Seith Doethon Rufein* (arg. newydd), Henry Lewis. Caerdydd, 1958.
D   *Antiquae Linguae Britannicae . . . Dictionarum Duplex*, John Davies. Llundain, 1632.
DO   *The Dream of Óengus*, Francis Shaw. Dublin, 1934.
EANC   *Enwau Afonydd a Nentydd Cymru*, R. J. Thomas. Caerdydd, 1938.
EC   *Études Celtiques.* Paris.
ECMW   *The Early Christian Monuments of Wales*, V. E. Nash-Williams. Cardiff, 1950.
EEW   *The English Element in Welsh*, T. H. Parry-Williams. London, 1923.

EL	*Yr Elfen Ladin yn yr Iaith Gymraeg*, Henry Lewis. Caerdydd, 1943.
FfBO	*Ffordd y Brawd Odrig*, Stephen J. Williams. Caerdydd, 1929.
G	*Geirfa Barddoniaeth Gynnar Gymraeg*, J. Lloyd-Jones. Caerdydd.
GCC	*Gramadeg Cymraeg Canol*, D. Simon Evans. Caerdydd, 1951.
GDG	*Gwaith Dafydd ap Gwilym*, Thomas Parry. Caerdydd, 1952.
GG	*Gerallt Gymro*, Thomas Jones. Caerdydd, 1938.
Gildas	*Gildas*: *The Ruin of Britain* . . ., Hugh Williams. London, i. 1899, ii. 1901.
GLGC	*Gwaith Lewis Glyn Cothi*, E. D. Jones. Caerdydd, 1953.
GO	*L'Oeuvre Póetique de Gutun Owain*, E. Bachellery. Paris, i. 1950, ii. 1951.
GOI	*A Grammar of Old Irish*, Rudolf Thurneysen. Dublin, 1946.
GPC	*Geiriadur Prifysgol Cymru.* Caerdydd, 1950—.
H	Havod.
HGCr	*Hen Gerddi Crefyddol*, Henry Lewis. Caerdydd, 1931.
Hg.MSS ii	*Selections from the Hengwrt MSS.*, vol. ii, Robert Williams and Hartwell Jones. London, 1892.
HGrC	*The History of Gruffydd ap Cynan*, Arthur Jones. Manchester, 1910.
HW	*A History of Wales* i, ii, J. E. Lloyd. London, 1912.
HWW	*The Holy Wells of Wales*, Francis Jones. Cardiff, 1954.
IGE	*Cywyddau Iolo Goch ac Eraill*, Lewis, Roberts a Williams. Bangor, 1925.
IrGl	*Irish Glosses, a mediaeval tract on Latin declension*, Whitley Stokes. Dublin, 1860.
IW	*Ireland and Wales*, Cecile O'Rahilly. London, 1924.
JHSCW	*The Journal of the Historical Society of the Church in Wales.*
L & P	*A Concise Comparative Celtic Grammar*, Henry Lewis and Holger Pedersen. Göttingen, 1937.

L & S	*A Latin Dictionary*, Lewis and Short. Oxford.
Lat. Lives	*The Latin Lives of the Saints* (Todd Lecture Series, Vol. v), Edmund Hogan. Dublin, 1894.
LBS	*The Lives of the British Saints*, 4 vols., Baring-Gould and Fisher. London, 1907-13.
LCBS	*Lives of the Cambro-British Saints*, W. J. Rees. Llandovery, 1853.
LHEB	*Language and History in Early Britain*, K. H. Jackson. Edinburgh, 1953.
LL	*The Text of the Book of Llan Dâv*, J. Gwenogvryn Evans and John Rhys. Oxford, 1893.
LSBL	*Lives of Saints from the Book of Lismore*, Whitley Stokes. Oxford, 1890.
LSD	*Life of St. David*, A. W. Wade-Evans. London, 1923.
LSP	*The Life of St. Patrick*, J. B. Bury. London, 1905.
LSSD	*The Life of St. Samson of Dol*, Thomas Taylor. London, 1925.
LTBL	*Lexique des termes de botanique en Latin*, Jacques André. Paris, 1956.
Ll	Llanstephan.
LlA	*The Elucidarium and Other Tracts from Llyvyr Agkyr Llandewivrevi*, J. Morris-Jones and John Rhŷs. Oxford, 1894.
LlB	*Cyfreithiau Hywel Dda yn ôl Llyfr Blegywryd*, Stephen J. Williams a J. Enoch Powell. Caerdydd, 1942.
LlC	*Llên Cymru*. Caerdydd.
MFLl	*Mynegai i Farddoniaeth y Llawysgrifau*, E. J. Louis Jones a Henry Lewis. Caerdydd, 1928.
MOC	*The Martyrology of Oengus the Culdee*, Whitley Stokes. London, 1905.
MT	*The Martyrology of Tallaght*, R. I. Best and H. J. Lawlor. London, 1931.
NLA	*Nova Legenda Anglie* i, ii, Carl Horstman. Oxford, 1901.
NLW	National Library of Wales.
Opera	*Giraldi Cambrensis Opera* (Rolls Series) 8 vols. London, 1861-91.
P	Peniarth.

PKM   *Pedeir Keinc y Mabinogi*, Ifor Williams. Caerdydd, 1930.

PMR   *The Psalter and Martyrology of Ricemarch*, Vol. i, H. J. Lawlor. London, 1914.

RBB   *The Text of the Bruts from the Red Book of Hergest*, John Rhŷs and J. Gwenogvryn Evans. Oxford, 1890.

RC   *Revue Celtique*. Paris.

RMWL   *Report on Manuscripts in the Welsh Language*, i, ii, J. Gwenogvryn Evans. London, 1898—1910.

SCSW   *The Settlements of the Celtic Saints in Wales*, E. G. Bowen. Cardiff, 1956.

SD   *Saint Dubricius*, G. H. Doble. Guildford and Esher, 1943.

SDL   *Saint David in the Liturgy*, Silas M. Harris. Cardiff, 1940.

SEBC   *Studies in the Early British Church*, Chadwick, Hughes, Brooke and Jackson. Cambridge, 1958.

SEHI   *The Sources for the Early History of Ireland, Vol. i, Ecclesiastical*, J. F. Kenney. New York, 1929.

SG   *Y Seint Greal, Selections from the Hengwrt MSS., Vol. i*, Robert Williams. London, 1876.

SGS   *Scottish Gaelic Studies*. Oxford.

SI   *Saint Iltut*, G. H. Doble. Cardiff, 1944.

SILH   *Studies in Irish Literature and History*, James Carney. Dublin, 1955.

Slover   C. H. Slover ' Early Literary Channels between Ireland and Wales,' *University of Texas Bulletin, Studies in English, No.* 7, 1927.

SN   *Saint Nonna*, G. H. Doble. Liskeard, 1928.

SPAI   *St. Patrick Apostle of Ireland*, J. H. Todd. Dublin, 1864.

SPL   *Saint Paul of Léon*, G. H. Doble. Lampeter, 1941.

SPW   *Saint Paulinus of Wales*, G. H. Doble. Guildford and Esher, 1942.

ST   *Saint Teilo*, G. H. Doble. Lampeter, 1942.

TC   *Y Treigladau a'u Cystrawen*, T. J. Morgan. Caerdydd, 1952.

TCAS   *Transactions of the Cardiganshire Antiquarian Society*.

TLP   *The Tripartite Life of Patrick, Part* i, Whitley Stokes. London, 1887.

TLlM   *Traddodiad Llenyddol Morgannwg*, G. J. Williams. Caerdydd, 1948.

TP   *The Two Patricks*, T. F. Ó'Rahilly. Dublin, 1942.

VSBG   *Vitae Sanctorum Britanniae et Genealogiae*, A. W. Wade-Evans. Cardiff, 1944.

VSH   *Vitae Sanctorum Hiberniae*, i, ii, Charles Plummer. Oxford, 1910.

WG   *A Welsh Grammar*, J. Morris-Jones. Oxford, 1913.

WM   *The White Book Mabinogion*, J. Gwenogvryn Evans. Pwllheli, 1907.

YCM   *Ystorya de Carolo Magno*, Stephen J. Williams. Caerdydd, 1930.

ZCP   *Zeitschrift für celtische Philologie*. Halle A. S.

LLEOEDD A PHERSONAU

Aaron 23.5.
Abel 22.24.
Abraham 23.2.
Achaia 23.12.
Aedan 7.5n., 10.19, 11.17 ; A.
  Sant 10.14, 11.15, 19.
Auallach 1.5.
Alexandria 18.7, 23.13.
Amguoel 1.4.
Amweryt 1.4.
Andreas 23.13.

Bed Yscolan 11.13n.
Botucat 6.18n.
Boya 7.12n., 23, 8.4, 9, 13, 14,
  17, 9.1, 15, 17, 19, 20, 22.

Kaerussalem 18.8.
Keredic 1.2 ; K. Vrenhin 1.7.
Keredigyawn 1.8n.
Ketweli 6.16n.
Collan 6.8n.
Crist 14.13, 17.13, 18.8, 22.22 ;
  gw. Iessu Grist isod.
Krowlan 6.6n.
Cruchier 2.21n.
Kuneda 1.2n.
Kymraec 4.23.
Kymry 4.3n.

Dauyd 1.2n., 3.5, 5.10, 12, 17, 19,
  7.4, 12.2, 15.10, 17.1, 2, 19.11,
  19 ; D. Sant 5.22, 10.18, 14.5,
  16, 18.9, 19.23 ; gw. Dewi isod.
Dauyd (y brenin) 23.6.
Deil 1.3.
Deinyoel 15.1n.
Demetica 14.11n.
Dewi 2.19, 3.8, 10, 11, 4.9, 14, 16,
  22, 5.4, 6, 7, 10, 6.3, 8, 19, 20,
  22, etc., D. Sant 14.21, 18.1,
  11, 19.2, 7, 20.19, 22, 22. 14-15 ;
  Arglwyd D. Sant 20.9.
Dinas Gwernin 10.15n.
Dinas Rubi 14.15, 18.20.
Dubim 1.5.
Dubricius 15.1n.

Dunawt 9.13n.
Duw 2.16, 4.2, 6 etc.
Dwvyn 1.3.

Edyrn 1.2.
Eliud 7.5n., 10.7.
Enoc 23.1.
Erging 6.10n.
Eudoleu 1.6.
Eugen 1.5.

Ffreingk 18.9.
Ffynnawn Dunawt 9.12n.
Ffynnawn Eliud 10.11n.
Ffynnawn Gweslan 10.11n.

Gildas 3.12, 13, 15, 24 ; G. Sant
  3.12n.
Glascwm 6.8n.
Glastynbri 6.1n.
Glynn Alun 9.2n.
Glynn Hodnant 9.23-4 ; gw.
  Hodnant isod.
Glynn Rosin 2.1n., 14, 7.6 (Glyn),
  10.18-9.
Goeslan 6.19n ; Gweslan Escob
  10.6n.
Gordeil 1.3.
Gordwvyn 1.4.
Groec (y wlad) 23.9.
Gwent 6.12n.
Gweslan Escob, gw. Goeslan
  uchod.
Gwhyr 6.15n.

Hafren 6.9.
Henllan 1.13n.
Hodnant 7.7n., 17, 8.13 ; gw.
  Glynn Hodnant uchod.

Idew 20.5.
Iessu Grist 1.6, 19.20, 20.1, 22.11,
  22.14 ; gw. Crist uchod.
Ieuan 23.10n.
Iob 23.4.
Ismael 7.5n.
Iudea 18.7, 23.11.

GEIRFA

ac y 13.20n.
ach 1.1.
adar 18.5.
adaw ' gadael ' 2.9, 8.24, gadaw
    4.7 ; gorff. un. 3. gedewis 2.18 ;
    gorb. un. 3. gadawssei 22.12 ;
    gorch. un. 2. adaw 2.3.
adeilyadeu 9.21.
adeilyawd 6.2n. 9, 12, 14, 9.23.
adref 8.4, 14.
adef 18.2.
aduwyn 13.22.
adoli 18.15n.
auon 1.11, 13.
auory 1.10, 10.22 (-v-), 15.3.
agoret 8.8, 9.19.
angel 1.10, 2.2, 11, 12, 5.21, 6.20n.,
    10.16, 19, 13.22, 14.9, 19.10,
    20.17 ;   engylyon 22.9, 18,
    23.14.
angeu 9.15, 22.5.
anghenuil 11.8n.
alussen ' elusen ' 15.22.
allmarw 12.10n.
am 4.4, 5.9n., 11.15, 12.21, 18.12,
    22.18.
amdiffyn : enw 18.18, 21.
amen 23.15.
amled 22.20.
amlwc 17.14, 22.
amot 13.9n.
amovyn 11.15.
amrant 12.11.
amser 5.22, 10.9n., 17.7.
an 'ein' 8.6, 7.
anawd 8.20.
anuon-af 11.1 ; gorff. un. 3. -es
    2.11, 13, 12.14, 14.15, amhers.
    -et 14.22 ; gorch. un. 2. anuon
    10.22, 11.3.
aniueilyeit 8.15.
anniweir 8.20.
annwyt 22.16.
anobeith 21.1.
ansawd 11.15n., 17.
anuundeb ' anundeb, anghydydod'
    22.24.

ar 2.20, 4.6, 5.16, 18, 7.22, 8.23.
    etc., 17.7n., arn·aw 3.5, 7.15,
    10.3, 12.20, 14.5, 10, -ei 3.4,
    4.20, -unt 12.14, 19.17, -adunt
    13.8 ; ar uedwl 7.23n. ;   ar
    hynt 15.9n. ; ar neilltu 11.18n ;
    ar warthaf 17.18, 22.4.
archengylyon 23.14.
archesgob 14.9.
arffet 9.7, 8, 16.11.
arganvu ' canfu ' 7.12.
arglwyd 2.5, 10 etc. ; -i 21.17.
arogleu 19.18.
aros 15.14n., 17.2.
att 2.2, 5.21, 14.23, 15.2, 17, 20.20 ;
    att.at 2.13, 5.13, -aw 2.11, 5.8,
    10.16, 11.18, 14.10.
atteb : enw 14.17, 21.
attebawd 13.21.
atwen ' adwaen ' 14.1.
athro 5.4, 6n., 7, 8, 11, 12, 14,
    10.18, 23, 14.8, athrawon 13.5.
awch ' eich ' 8.19.
awyr 7.7.

bara 3.9, 10, 10.21.
barwnyeit 13.6.
bedyd 4.16, 17.
bedydywyt 4.14.
beichogi 3.4, 8.
beidyei 17.8.
bendigawd   5.18,   6.4,   12.19 ;
    gorch. un. 2. bendicka 5.16.
bendith 5.19, 15.15, 17.10, 21.15,
    16 (-nn-).
bieivyd 1.14n.
blew 12.11.
blinder 22.17, 25.
blwydyn 5.1 ; blwynyded 1.7n.,
    16.20 ; blyned 2.7, 21, 3.1, 5.13.
bot 4.17, 8.7, 11.14 etc. ; pres.
    un. 1. wyf 3.16, 7.16, 2. wyt
    7.20, 3. yw 4.7, 5.22, 14.12,
    18.22, oes 4.4, 11.2, 13.16, 18,
    20, y mae 5.15, 15.13, 19.12,
    22.19, 21, 23 etc., mae ' maï '
    6.21, 14.4, 14, yssyd 2.14, 3.24,

claerder ' disgleirdeb ' 22.21.
cleifyon : enw 10.12, 21.4.
clot 16.5.
klyw·et : pres. un. 3. klyw 13.14 ;
amhers. -ir 21.13 ; amherff. un.
3. -ei 13.10, 19.10, llu. 3. -ynt
19.18, 22, amhers. -it 22.1 ;
gorff. un. 3. kiġleu 14.17, llu.
2. klyws·awch 20.12, 21.19, 3.
-ant 20.7, amhers. -pwyt
21.12 ; gorb. un. 3. -sei 16.5.
kneu ' cnau ' 9.3.
koffayssam 23.16.
colomen 5.2.
colli 5.6.
corff 16.9.
corn 17.14.
kreawdyr 23.18.
cret 7.1, 13.3, 21.18.
crefydwyr 13.7n.
creic 7.13.
croen 12.12.
croessan 20.5n.
croew 10.8.
kroth 4.1.
crupleit ' cloffion ' 10.11.
cryt 8.1n.
cwbyl 4.20.
kwyn 20.24, 21.8 ; b.e. -aw 8.9,
20.8, 21.8, 9.9, -uan 21.4, 23.
kytdisġybyl 11.3 ; kytdisġyb-
lon 5.2.
kyfanhedu ' inhabit ' 14.11.
kyfarch ġwell 17.4.
kyfaruot 3.3, 8.4 (-ua-), 11.13.
kyueir ' lle, man ' 9.10.
kedymdeith 14.1n. ; -yon
15.17n.
kyflawn 4.18.
kyuot : b.e. 15.23, kyuod·i 2.20,
7.17, 12.1, 3, 16.16, 17, 18, 22.1 ;
gorff. un. 3. -es 7.9, 10.2, 17.3,
19, amhers. -et 16.19 ; gorch.
un. 2. kyuot 7.20, 9.2.
kyuoethoġyon 22.22.
kyfran 13.2 ; ans. -nawc 14.3.
kyfredec ' ymgynnull ' 20.20.
kyfreith Grist 17.13.
kyfryw 18.19n., 21.12n.
kyfun ' cytûn ' 18.2.
kyffredin : enw 13.13, 17.10 ;

ans. 13.11, 21.15, 22.1 ; cyfartal
-et 17.16.
kyngor 8.12.
kylchyn·u 7.17 ; gorff. un. 3.
-awd 7.19.
kyllell 9.9.
kymeint un 20.7n.
kymenn ' call, medrus ' 9.8,
kymenn 14.2.
kymryt 4.18, 11.8 ; pres. llu. 1.
kymer·wn 15.11, gorff. un. 3.
-th 12.8, 20, 22, 17.10, 22.14,
18 ; dib. pres. llu. 2. -och 15.21;
gorch. un. 2. kymer 7.21, 19.15
(-mm-), 20.
kynhewi ' tewi, distewi ' 11.20.
kynn 4.3, 15.1, 24 ; kynn no(c)
17.6, 21.12.
kynneu·awd 7.18, 21, -assant
7.8.
kynnulleitua 13.9, 14, 15.24,
17.20.
kyntaf 3.8, 7.7, 20.1, 22.14.
kysġu 9.19, 16.17.
kyssefyll 16.4n.
kysseġredic 19.1.
kytuundeb 14.22n.
kyttuun 18.1n.

chwedyl 20.16.
chwioryd 21.17.

da : enw 22.21.
daear 4.15, 16.15, 18.5, 21.21,
22.2, 23.17.
daġreu 21.7, 22.2.
dangos 2.13 ; gorff. un. 3. -es
6.24.
daly 4.16n., 17.
dall : enw 4.15, 17 ; ans. 4.19,
6.11 ; deillyon : enw 10.12.
damchwein ' digwyddiad, hanes '
12.22.
damchweinyawd ' digwyddodd '
5.6, 9.18.
damunaw 3.22n.
dan 7.7, 17.20 ; y dan 18.21.
daruot 11.16, 12.1, 21.14, 16 ;
pres. un. 3. deryw 10.20n. ;
gorff. un. 3. daruu 16.16.
darparu 10.18.

eil 3.11.
eilweith 14.20, 19.19, 23.
eilwers 13.13n., 18.
eiryawl 23.18.
eiryoet 4.15, 21.13.
eisseu 10.4.
eissyoes 2.10n., 9.17, 15.17, 17.10, 20.16.
eisted 3.19, 7.13, 9.15, 11.23, 12.6.
eistedua 2.14, 15.
elchwyl 3.14n.
emelltith ' melltith ' 12.24, 15.16 (-lld-).
enkyt 12.11n.
eneit 16.15n., 19.21, 22.14, 18.
enneint 6.7n.
enryded 22.15.
enryued ' rhyfeddol ' 15.13.
erbyn 11.9 ; yn erbyn 16.1, 17.3 ; y'th erbyn di 20.2.
erch.i 11.5, 14.10, 17.5, 9 ; pres. llu. 2. -wch 15.18 ; gorch. un. 2. arch 3.18, 5.12, 10.23.
esgob 2.23, 5.5, 6.21, 13.21 ; esgyb 13.5, 23.6.
esgor 4.13.
esgussaw ' ymesgusodi ' 17.6.
ethol 2.6.
eur 5.2.

ual : ardd. 18.3, 19.11, 14.
ual y : cys. -modd 3.19, 4.21, 23.16 ; amser 8.4, 11.11, 19.8 (v·) ; pwrpas 11.2, 16.15 ; canlyniad 13.10 ; ual na 10.3.

ffo·ei 18.19 ; -es 9.14 ; -wn (gorch.) 8.22.
fford 4.4, 7.19, 21.20.
ffreutyr 12.16n.
ffyd 7.1, 13.3, 21.18.
ffynnawn 4.15, 15, 9.11, 12, 10.2, 3, 11, 12, 15.5, 9 ; ffynhonneu 10.8.

gadaw : gw. adaw.
gadv 13.11 ; gorch. un. 2. gat 19.21.
galw 5.7, 10, 11.17, 14.10 ; pres. un. 3. geilw 20.3, amhers. gelwir 1.13, 2.14, 6.5 etc. ;

amherff. amhers. gelwit 3.2, 4.22, 5.4, 6.16, 18, 19, 7.12, 10.7, 16.8 ; gorch. llu. 2. gelwch 3.22, 14.12.
gan 17.17, 22, 18.3, 20.10, 17, 20, 21.8, 22.1 ; gennyf 14.19 ; ganthaw 7.1, 12.2 ; ganthunt 8.21.
gast 12.9, 10.
gawr 'bloedd ' 22.1.
geneu 16.10.
geni 21.7 ; pres. amhers. genir 2.7 ; gorff. amhers. ganet 1.14, 2.4, 7, 3.5, 4.9, 19.
geyr bronn 23.18 ; geyr llaw 1.11, 8.18.
glann 6.9.
glas 7.9n., 11.
gleissyat ' eog ' 1.12.
glinyeu 11.7, 17.4, 18.15.
gloew 15.4.
glynn 9.2, 5.
gobrwyeu 22.25.
govynnawd 3.15, 20, 7.15.
gogonyant 22.24.
golchi 4.18.
goleuni 22.19.
golwc 4.16, 20.
gollwng 16.4, 21.7.
goreugwyr 13.6.
gorffennwch (gorch.) 20.13.
gorffowys 22.19-20.
gormod 5.7, 12.21.
goruc 2.4n., 9, 21, 3.3, 14, 19, etc. ; gorugant 18.2.
gorwacrwyd 22.24.
gorwed 12.15.
gosper 7.11n., 14.
gossodes 19.5.
gostyngassant 18.15.
grad 20.2, 22.11.
gras 12.1, 13.18, 14.14.
greoed 8.7n.
griduan 8.9.
grymhao 23.18.
grymmus 21.21.
gwaet 9.10.
gwaelawt 9.5.
gwahawdassant 14.20.
gwar ' addfwyn, gostyngedig ' 9.8.
gwarandaw 3.12n., 22, 19.9, 16.
gware : b.e. 5.3.

ynni 8.24, 25, 15.20, 22 ; **ywch**
21.20, 21 ; **udunt** 7.6, 8.24,
15.7, 17.11 ; **y vyny** 7.20n.,
12.3, 19.14.
y 'yn' 5.14n., 9.6, 15.14, 20.2
(**y'th erbyn di**).
y ' i'w ' 11.12n., 14.10, 16.18.
y amdanei 12.12.
y ǥan 3.12, 5.23, 10.4, 8, 10, 19.12;
y ǥennyf 14.7, 20.12-3, 21.19 ;
y ǥanthunt 5.8-9.
iach 8.16, 21.20 (**yn iach ywch**).
iechyt 9.11, 22.23.
ieirll 13.6.
ieuengtit 22.23.
ehun 3.2n., 16, 4.2n., 10.14,
23.16 ; **ehunein** 18.1.
yll 10.7.

llad 7.24, 9.9n., 17, 20, 21 ;
gorch. un. 2. 7.21.
llauasso ' beiddio ' (dib. pres.)
19.2.
llauur 22.16, 20 ; **-wyr** 13.4 ;
b.e. **-yaw** 13.15.
llall 12.12n.
llawen 2.12, 3.21, 21.17 ; be..
-hau 19.14, 20.11 (' gwneud yn
llawen') ; gorff. llu. 3. **-haassant**
9.16.
llawer 1.7, 2.16, 7.5, 10, 18, 9.11,
16.20.
llawvorynyon 8.17.
llef 17.14, 19.18.
lleian 3.2, 4, 4, 16, 22, 4.1, 5.12.
llen 14.6.
llenwi 19.19, 22.9.
llewenyd 22.15, 20.
llew.es 3.10n., 12.10 ; **-ssant**
22.6.
lleyc 20.3.
llit 7.13.
llidi-aw 2.4 ; ans. **-awc** 7.16.
llithion 5.1.
llong 2.19, 11.2 ; **-wyr** 23.2.
llonydwyt 2.18n.
llosǥi 9.21, 22.3.
llu 15.13, 22.8 ; **-oed** 22.13.
llwnǥk (pres. un. 3.) 22.2.
llwyr 13.7.

llyma ' dyma ' 3.24 (**-mm-**),
11.7, 14.17.
llyna ' dyna ' 10.4.
llysuam 9.3, 6, 8, 14.
llysuerch 9.1, 6.

manachlawc 10.20, 11.21.
marw : b.e. 8.6, 16.2, 22.6 ; ans.
12.17, 16.6, 8 ; **o varw** 2.20 ;
meirw : ans. 8.7, 19.17 ; **o**
veirw 16.19.
mawrhaer 16.15.
mawrhydri 22.12.
medrawd 7.15n.
medyant 4.1n., 7.19.
medwl 2.18, 3.6, 12.7, 16.20,
22.18.
medyly·aw 5.14, 11.20 ; gorff.
un. 3. **-awd** 2.1n., 9.17 ;
gorch. llu. 2. **-wch** 13.19.
megys : ardd. 17.14, 19, 19.17.
megys y : cys. **-modd** 18.3, 4,
22.12, - 11.19 (**a megys a'r**
mod y).
mellt 4.10.
meneǥi 11.17, 16.6 ; gorff. un. 3.
-s 12.22 ; gorb. un. 3. **mana-**
ǥassei 7.6.
merthyri 23.1.
meudwyot 20.23.
mis Chwefrawr 19.8.
mod 11.19, 22.18, 18.6.
moesseu da 14.4.
mol·i 4.21, 18.1 ; **-yassant** 16.22;
enw **-yant** 22.22.
morua 2.20.
mor·wyn 9.2, 3, 7, 9 ; **-ynyon**
21.6.
mwc 7.9, 9, 13, 19.
mwy 4.1, 18.23, 20.13 ; **-af** 14.4.
mynet 2.21, 3.11, 4.7 etc. ; pres.
un. 1. **af** 14.18, 15.16, 2. **ey**
1.11n., 3. **a** 6.23, 7.1, 2, 20.19 ;
gorff. un. 3. **aeth** 5.4, 15.9,
20.14, 16, 21.20 ; gorch. un. 2.
dos 3.17, 3. **aet** 18.23, llu. 1.
awn 9.2, 2. **ewch** 3.13, 8.18,
14.12, 19, 15.4.
myneich 21.5.
mynn·u : pres. un. 2. **-y** 15.15 ;
amherff. un. 3. **-ei** 7.15, 17.12 ;

rac 10.9, 18.23 ; racdaw 11.6,
21 ; racko ' acw ' 4.5 ; rac
llaw 23.19 ; rac bronn 15.8.
rat 4.1, 18, 14.4.
ragor (rac) 18.23n.
rann 12.9, 18 ; b.e. -u 12.8.
redegawc 10.1.
reit 4.7, 18.21, 22.
rif 13.7 ; b.e. -aw 15.14.
rod 10.4.
rodi 9.8, 12.9, 13.1n., 19.3, 21.16,
roi 16.18 ; pres. amhers. rod.ir
10.22 ; gorff. un. 3. -es 4.2, 6,
5.17, 6.10, 8.13, 12.23 etc., llu.
3. -assant 15.8, 18.16, amhers.
-et 3.5, 15.22, 18.18 ; dib. pres.
un. 3. -o 15.20 ; gorch. un. 2.
dyro 1.14, 5.16, 9.6, 16.14.
ry (o flaen b.e.) 8.6n., 9.21.
ryued 17.17 ; -awt 17.23 ; b.e.
-u 5.15n., 12.20.
rysswyr ' milwyr, arwyr ' 22.22.
ryw 10.4n., pob ryw 22.9, 20.

safyn 16.13.
sant 3.17, 19, 22 etc. ; -es 9.9 ;
seint 4.3, 13.10, 12, 12 etc.
sawl 21.13n.
sef (a oruc / wnaeth) 2.4n., 3.3,
etc. ; sef y 8.11n. ; sef ual y
20.17 ; sef yw 14.12.
sefyll 12.9, 17.12.
seilym 4.23n.
sened 13. 10, 15.13, 19, 18.13.
seraphin 23.14.
sychet : ans. 10.9n ; enw 22.16.
synnyaw 12.6n., 13, 19.17.
syrthyaw 12.12, 16.5, 9, 17.4,
19.17 ; pres. un. 3. syrth 22.4 ;
gorff. un. 3. -yawd 12.11, 17.

tangnefed 14.19 (-u-), 19.15,
22.24.
tal 16.5, 17.4.
talym 1.1n., 17.7n., 19.12.
tan 7.8, 8, 9.20, 22.3.
taraneu 4.10.
tec 13.22 ; -kaf 19.19.
tegwch 22.21.
teilwng 10.4, 13.20.
teyrnas 6.24, 13.2, 14.11.

tir 1.14.
tlodyon 21.4.
torr·i 12.12 ; -ei 19.7.
tra : adf. 5.7.
traeth 11.4, 6.
traeth·u : pres. un. 1. -af 21.8,
amhers. treythir 1.1n.
tragywydawl 4.3n., 8.13., 13.2.
trallawt 22.17.
treis 3.3n.
tremyg-awd ' dirmygodd ' 2.5 ;
rhang. gorff. -edic 8.3.
trewit 12.11.
trigyaw 4.5, 19.21.
trist·au 10.24 ; enw -it 20.10,
22.7, 20 (-yt).
trossi 16.7.
truan 16.5 ; truein 15.20.
trugar·ed 23.19 ; ans. cyf.
-ocket 21.3 ; b.e. -hau 16.7 ;
gorch. un. 2. haa 16.13.
twr 9.18.
twyllwyr 12.23.
twymyn 6.4n., 5.
ty 16.8.
tynghetuen 5.23.
tylwyth 8.10, 12, 14, 10.20.
tynnu 9.9.
tywyss.awc 7.12, 18.2, 12 ;
-ogyon 13.6, 23.5.

ucheneidy.aw 20.8 ; enw llu. -eu
20.23 (v-).
uchot 1.15, 17.19.
uch penn 1.13.
udaw 8.9, 20.8, 21.4.
vfudhaawd 17.10.
uffern 7.1, 3.
un 21.8, 14, ' unig ' 16.2, 6, 14 ;
yr un 5.9, yr vn + enw 14.21,
vn uedwl 20.11-12.
urd·a 21.2 ; -wyt 14.9.
urdas 4.1.

wrth 4.17, 8.17, 21, 9.1, 3, 6 etc. ;
-aw 1.10, 2.3, 12, 5.21, 6.20,
10.16, 11.14 etc. ; -i 16.7 ;
-unt 8.19, 15.6, 10, 17.7, 20.10 ;
wrth hynny ' gan hynny '
10.22, 15.14, 18.11.